AF222863

Buch und Autorin:

"_Märchenschreiberin und Mama von mindestens vier Kindern_", das war die Standardantwort der Autorin, Traudl Baumeister, auf die Frage, die fast jeder aus seiner Kindheit kennt: "_Was willst Du mal werden, wenn Du groß bist?_" Das mit den Kindern hat geklappt, das mit den Märchen nicht, jedenfalls nicht wörtlich genommen (bis auf ein paar kleine Ausnahmen).

Mit dem Älter-Werden hat die gebürtige Würzburgerin entdeckt, dass das reale Leben mindestens so reichhaltig, spannend, gruselig und packend ist wie Märchen. Dass es genauso viel bereit hält an Glück, Trauer, Leid und überraschenden Erfahrungen.

Und so hat sie begonnen, die Geschichten einzufangen, die ihr jeden Tag überall begegnen. Geschichten über Menschen, Tiere und die Natur, über Hoffnungen, Wünsche, aber auch vermeintlich (all)tägliche Erfahrungen und Erlebnisse.

Seit 1993 schreibt sie diese Geschichten nieder. Als freiberufliche Journalistin für Zeitungen, Magazine, für das Internet oder auch Bücher.

In ihrer Reihe „Traudls Heim" erzählte sie in Glossen viele kleine dieser Geschichten – ausschließlich aus dem Alltag ihrer eigenen Familie.

Diese Geschichten ergänzt sie in den gleichnamigen Büchern mit allerlei Rezept- und Küchentipps aus ihrer langjährigen Erfahrung als berufstätige Mutter.

Der vorliegende Band ist der zweite dieser Serie.

Bisher erschienen (als E-Book und Print)

Traudls Heim, Band 1, 9788735 759597
Traudls Heim, Band 2, 9783734 716287

Traudl Baumeister

Traudls Heim, Band 2

Humorvoller Blick auf den Alltag einer großen Familie

Januar

Einfacher Rinde

Da haben:

ca. 1300 g Rinderbraten, 1 Zwiebel, Salz, Pfeffer, etwas Rosmarin, Öl zum Anbraten, Tomatenmark, Sahne, Speisestärke

So wird's gemacht:

Das Fleisch abwaschen und abtrocknen und mit Salz und Pfeffer einreiben. Die Zwiebel kleinhacken. In einem großen Schmortopf das Öl erhitzen und das Fleisch darin von allen Seiten anbraten. Gegen Ende des Anbratens die Zwiebeln dazugeben, ca. 200 ml Wasser dazugießen, Rosmarin in den Topf und den Deckel aufsetzen. Auf mittlerer Hitze eine Stunde schmoren ohne den Topf zu öffnen. Das Fleisch umdrehen und noch eine Stunde im geschlossenen Topf schmoren.

Die Schmorflüssigkeit mit etwas Speisestärke, Tomatenmark und Sahne andicken.

Dazu passen Nudeln oder Kartoffeln und Salat und Gemüse.

Silvester-Probleme

Joshua (4 Jahre) ist sauer. „Warum durfte Inga aufbleiben, obwohl sie jünger ist als ich?" Inga ist seine in Lüneburg lebende Kusine und zwei Monate jünger als Joshua. Oma hat ihm erzählt, dass Inga das Silvester-Feuerwerk miterlebte. Und das ist Ursache von Joshuas Kummers. Er nämlich hat kein Feuerwerk gesehen. Nicht etwa, weil er nicht durfte, sondern weil er um 23.15 Uhr nach langem Kampf gegen zufallende Augen einfach einschlief und nicht mehr wach zu bekommen war. Auch wenn er mir das nicht glaubt.

Vielleicht wird er in 20 Jahren diese Zeilen lesen und mir dann verzeihen. Inga wurde nicht bevorzugt, sie hat einfach nur länger durchgehalten - typisch Frau eben.

Der Kindergarten feiert Fasching

Der Fasching ist heuer kurz. Kurz nachdem nach den Weihnachtsferien der Kindergarten wieder öffnete, brachte Joshua (4) die Einladungen für die Faschingsfeiern. "Tiere der Welt" und „Ritter" sind die Themen, zu denen ich meine dann zwei Kindergartenkinder passend einkleiden muss. Eigentlich kein Problem, eine Ritterausstattung hat Joshua und für Joel (2) liegt von den großen Geschwistern noch ein Bienchenkostüm herum. Doch ich erinnere ich mich gut an letztes Jahr. Alles war gerichtet, aber am Abend zuvor beschloss Joshua plötzlich: Er geht als Drache oder gar nicht. Ich ließ also meine Phantasie spielen und brachte tatsächlich ein Drachenkostüm zustande. Mal sehen, was ihm heuer einfällt. Für alle Fälle baue ich schon mal vor und nehme für den Abend des 2. Februar keinerlei Termine an. Und falls jemand große Stoffreste, buntes Krepppapier oder stabile Farbpappe übrig hat - eine Telefonnummer für den Notfall wäre nicht schlecht!

Schüler sind schon arm dran

Nicole (19) war mit ihren Handball-Kameradinnen unterwegs und erzählt, was die so alles fürs nächste Jahr planen, denn ein Großteil steht kurz vor dem Abitur. Eine geht für sechs Monate ins Aids-Waisenhaus nach Indien, eine andere jeweils einen Monat zum Praktikum nach Berlin und Hamburg, die nächste plant ein Studium, nicht in Würzburg. „Die haben alle tolle Zukunftspläne - und ich?", meint Lukas (14) dazu. Meinen Einwand, er solle erst mal seine Schule ordentlich zu Ende bringen - er ist in der achten Klasse Gymnasium - kontert er. „In die Schule gehen ist ja nicht schlecht, aber der Unterricht . . ." Man merkt: Er ist gerade vom Skikurs zurückgekommen und hat nun die drei endlosen Wochen bis zu den Faschingsferien vor sich. Schwester Yvonne (17) gibt ihm Schützenhilfe: „Stimmt. Im Kindergarten war es schöner." Nicht etwa, dass sie sich in die frühe Jugend zurück sehnt: Im Kindergarten hat sie in den Wochen vor Weihnachten ihr Fachoberschulpraktikum absolviert. Schüler sind wirklich arm dran.

Unpassende Geschenke

Joel feiert seinen dritten Geburtstag. Uroma und Uropa aus Österreich haben ein Päckchen geschickt und Joshua (4) ist entsetzt. Am Telefon macht er seiner Empörung Luft: „Uropa, wieso habt ihr mir denn auch ein Geschenk geschickt? Ich hab' doch gar nicht Geburtstag!" Meine Freude über die vorbildliche Einstellung meines Sohnes währt nur kurz. Als Opa und Opa aus Augsburg am Nachmittag nicht nur seinem Bruder Geschenke, sondern auch ihm ein kleines Päckchen überreichen, hört sich seine Empörung ganz anders an: „Wieso kriege ich so was Kleines und Joel etwas viel Größeres?", moniert er. Joshuas Tante aus Margetshöchheim indessen ist über etwas ganz anderes entsetzt. Sie hatte Joels Präsent in eine Papiertüte gepackt, in so eine, wie man sie gerne für den Biomüll verwendet. Und genau den hat sie uns dann auch mitgebracht. Nur ein Versehen oder doch Mülltourismus?

Februar

Schoko-Bananen (brauchen Vorbereitung)

Da haben:

Bananen, Schokoladenkuvertüre Vollmilch und Halbbitter (evtl. auch weiße), Schaschlikspieße

So wird's gemacht:

Die Bananen quer halbieren und jede Hälfte auf einen Schaschlikspieß stecken. Alle Spieße auf eine Platte legen, mit Alufolie abdecken und in der Tiefkühltruhe einfrieren. Zum Servieren die Kuvertüre erwärmen und miteinander vermischen (das geht ganz einfach in einer Minute im einem Mikrowellen-geeigneten Schüsselchen bei etwa 350 Watt). Die weiße Schokolade in einer Extraschüssel schmelzen.

Die Bananen aus der Truhe nehmen und in die flüssige
Schokolade tauchen. Evtl. mit der weißen Schokolade
zusätzlich verzieren.
Essen sobald die Schokolade wieder hart ist.

Pädagogische Erkenntnisse

Seit neuestem liebt Yvonne (17) Kunst, besser gesagt: Kunst
als Schulfach. Wahrscheinlich wird sie zum ersten Mal im
Leben eine „1" in Kunst im Zeugnis haben. Die neue Liebe
liegt am Lehrer. Nein, der ist kein junger, unkonventioneller
Künstlertyp. Der Pädagoge ist in Wahrheit nicht allzu weit
von seiner Pensionierung entfernt und alles andere als ein
Schwarm junger Mädchen. Aber er hat eine äußerst positive
Einstellung jungen Menschen gegenüber. „Eigentlich", zitiert
Yvonne ihn, „kann man Eure Arbeiten gar nicht benoten.
Denn jeder von Euch versucht es doch so gut zu machen,
wie er kann. Und für jeden von Euch ist doch das, was er
malt, schön so wie es ist." Letzteres, meint Yvonne, traf
bisher auf ihre Malereien zwar selten zu. Aber das hat sich
geändert. „Könntest Du mein letztes Bild sehen, Du würdest
nicht glauben, dass tatsächlich ich ganz allein es gemalt
habe", erzählt sie nicht ohne Stolz. Wie viel positive
Bestärkung ausmacht, lernt sie gerade im Fach Pädagogik,
ich meine aber nicht nur da.

Wir fasten

Als ich Joshua (4) am Aschermittwoch vom Kindergarten
abhole, empfängt er mich mit dem schwer wiegenden Satz:
„Mama, jetzt beginnt eine andere Zeit." Im weiteren
Gespräch wird deutlich, offensichtlich haben sie sich im
Kindergarten mit der Fastenzeit beschäftigt. Joshua hat auch
gleich gute Fastenvorschläge für die Familie parat. Lukas
(14) soll Playstation-Fasten, Joel (3) Windel-Fasten und ich -
wie ich leider gestehen muss - Schimpfen-Fasten. Da er für
sich selbst Süßigkeiten-Fasten doof findet, verkündet er am
Abend, er wolle lieber Schlafen-Fasten, also, gar nicht mehr
ins Bett. Ich sehe schwarz. Denn unter diesem Umständen
wird das mit meinem Schimpfen-Fasten wohl kläglich
scheitern.

Auch Versicherungsvertreter sind Eltern

Anruf vom freundlichen Versicherungsvertreter: „Ihre Tochter Nicole macht doch heuer Abitur und beendet damit ihre schulische Laufbahn." Ebenso freundlich entgegne ich: „Falsch. Sie hat ihre schulische Laufbahn bereits vorzeitig beendet und absolviert derzeit ihr Vorpraktikum." Statt, dass der Herr der Krankenkasse, der natürlich auf „Kundenfang" war, nun auflegt, kommt das Gespräch erst richtig in Gang. Allerdings unterhalte ich mich jetzt als Mutter einer Schulabbrecherin mit dem Vater einer Tochter, die ebenfalls das Gymnasium vorzeitig verlassen hat. Ich denke, ich konnte ihm ein bisschen weiterhelfen. Und sei es nur durch die Bestätigung, dass fehlendes Abitur nicht automatisch gescheitertes Leben heißt. Über die Krankenversicherung meiner Tochter haben wir nicht mehr gesprochen.

Feiertage im Alltag

Freiberufliche Journalisten kennen kaum freie Wochenenden oder Feiertage - ebenso wie Pflegekräfte. Insofern ergänzen meine Tochter Nicole (19) und ich uns bestens. Ein Grund, uns zu bedauern, ist dass allerdings nicht. Denn nur unsere unregelmäßigen Arbeitszeiten ermöglichen solche Tage wie den Donnerstag. Nicole und ihr studierender Freund (Semesterferien!) besuchen uns, ihre vier Geschwister und ich versammeln uns am späten Nachmittag um den großen Esstisch, essen gemütlich, sozusagen „französisch" ausgiebig zu Abend, plaudern, Joshua (4) bastelt etwas und Joel (3) genießt es, bei versammelter Familie auf dem Sofa einzuschlafen. Solche kleinen „Feiertage" mitten im Alltag entschädigen für viele mit Arbeit verbrachte Sonntage, oder?

März

Käsespätzle mit Röstzwiebeln

Da haben:

Weizenmehl, Eier, Salz, Zwiebeln, Pfeffer, Öl, Käse, Butter.
Für den Gurkensalat: Gurke, Essig, Öl, Zitronensaft, Saure

Sahne, Salz, Pfeffer, Zucker, Dill, evtl. frischer Schnittlauch

So wird's gemacht:

600 g Mehl mit, 1,5 TL Salz, 6 Eiern und 375 ml Wasser (bei Vollkornmehl etwa 1/4 mehr Wasser verwenden) zu einem glatten Teig verrühren. In einem hohen Topf etwa 1,5 Liter Wasser zum Kochen bringen. Wenn das Wasser kocht, die Spätzle durch ein Spätzlesieb, mit einem Spätzlehobel oder vom Brett geschabt portionsweise ins kochende Salzwasser geben. Wenn die Spätzle aufsteigen (nach ein bis zwei Minuten), mit einem Schaumlöffel herausnehmen und in einem Nudelsieb abtropfen lassen. Die Spätzle in eine gebutterte Auflaufform geben, geriebenen Käse (Emmentaler, Gouda o.ä.) darüber streuen, Butterflöckchen darauf setzen. Im Backofen bei 180° 20-25 Minuten überbacken.

Inzwischen die Zwiebeln in feine Ringe schneiden, pfeffern und mit etwas Öl in der Pfanne rösten.

Dazu passt: Gurkensalat

Eine Gurke schälen, in feine Scheiben hobeln, aus 6 EL Öl, 1 EL Essig, 1 EL Zitronensaft und 2 EL Saure Sahne, Salz, Pfeffer, Zucker und 1 EL Dillspitzen eine Salatsauce rühren und mit den Gurkenscheiben vermengen. Evtl. mit Schnittlauchröllchen bestreuen.

Ein charmanter Franzose

„Wenn Du richtig Deutsch lernen willst, musst Du das mit mir angucken!" Joshua (4) wirkte wohl sehr überzeugend, denn Philippe (20) folgt ihm artig und genießt mit meinem Sohn die viele Jahre alten Abenteuer von „Schlupp vom grünen Stern" auf der DVD der Augsburger Puppenkiste. Ab morgen wird Philippe auf solch effiziente Deutschstunden verzichten und sich stattdessen in Paris wieder auf seine Professorin an der Universität verlassen müssen. „Bei euch

zu kommen und Deutsch zu lernen, macht viel mehr Spaß",
versichert uns der junge Franzose mit charmantem Lächeln.
„Charmant", erklärt er uns, heißt nicht bloß einfach „nett",
sondern meint die ganze Wirkung eines Menschen. Stimmt.
Ich glaube, meine Töchter und ihre Freundinnen sehen das
ähnlich.

Wir sind krank

Der Schnee ist weg und die Minusgrade auch. Eigentlich
müsste ich glücklich sein. Keine Schneeanzüge, Schals,
Handschuhe, lange Unterhosen mehr, in die man die Kinder
für jeden Weg nach draußen zwängen muss. „Mama, machst
Du mir was Gesundes für den Bauch zu essen, mit
gesundem Fleisch?" Joshua (4) schaut mich aus
fieberglänzenden Augen fragend an. Er bekommt wohl
langsam wieder Appetit, nachdem einen Tag lang alles, was
er zu sich nahm, auf umgekehrten Weg wieder raus kam.
Joel (3) hat sich seinem Bruder gleich angeschlossen,
während Lukas (14), wie es sich für große Brüder gehört,
den Kleinen das Ganze vormachte. Ich glaube,
Schneeanzüge und Handschuhe sind dann doch das kleinere
Übel. Apropos übel: Mit meinem Magen scheint etwas nicht
zu stimmen. Ich werde mich wohl auch an die
Rindfleischbrühe halten.

Vom Sinn des Schenkens

Es ist so weit: Joshua (4) ist zum ersten Mal zum
Kindergeburtstag eingeladen (und geht auch hin). Bei der
Hinfahrt - der Kindergartenfreund wohnt etwas weiter weg -
erklärt er. „Wenn ich Raphael etwas schenke, dann muss er
mir auch etwas schenken." Das kann ich natürlich so nicht
stehen lassen. „Man schenkt jemanden etwas, weil man ihm
eine Freude machen will und nicht, um selbst wieder etwas
zu bekommen", versuche ich meinem Sohn den Sinn des
Schenkens nahe zu bringen. Er hat wohl gut zugehört. Denn,
nachdem er sein Geschenk überreicht hat, strahlt er seinen
Freund an und fragt: „Raphael, magst Du mir jetzt eine
Freude machen?" Zu Joshuas Ehre sei allerdings noch
ergänzt: Er konnte es kaum fassen, dass ich ein Geschenk
gekauft hatte und er seinem Freund nicht etwas von seinen
Spielsachen abgeben musste. „Das ist ja gar kein Geschenk
von mir", kommentierte er diese Tatsache erstaunt.

April

Kartoffel-Hähnchen-Pfanne vom Blech

Da haben:

Hähnchenteile, Kartoffeln Zwiebeln, Zitronensaft (ein Drittel bis halb so viele EL wie Öl), Rosmarin, Salz, Pfeffer, Paprikapulver, mehrere EL Olivenöl

So wird's gemacht:

Die Kartoffeln schälen und halbieren, vierteln oder achteln (je nach Größe), die Zwiebeln schälen und halbieren bzw. vierteln. In einem Schüsselchen Olivenöl, Gewürze und Zitronensaft verrühren.

Ein Backblech mit Öl bepinseln, Hähnchenteile, Zwiebeln und Kartoffeln darauf verteilen, alles mit dem Öl/Zitronensaftgemisch bestreichen.

Im vorgeheizten Ofen bei 185° etwa 45 bis 50 Minuten backen (mit einem Holzstäbchen die Garprobe machen).

Wer wen heiratet

„Mama, ich möchte Dich heiraten und immer bei dir bleiben", sagt Joshua (4). Ich erkläre ihm, das dass nicht geht. „Ich weiß, weil du schon mit Papa verheiratet bist", seufzt er. „Nein, Papa und ich sind nicht mehr verheiratet, aber es geht trotzdem nicht", antworte ich. „Warum seid ihr nicht mehr verheiratet, das bleibt man doch immer", fragt mein Sohn. „Auch das stimmt so nicht", muss ich schon wieder verneinen. „Wir bleiben immer Mama und Papa, aber wir hatten uns nicht mehr so lieb, dass wir verheiratet bleiben wollten", versuche ich das komplizierte Thema Scheidung zu erklären. „Du weißt ja, dass Papa schon lange im oberen Stock wohnt", erinnere ich Joshua an die Veränderung in unserer Familien-WG. „Aber, wenn Du nicht verheiratet bist, dann kann ich Dich ja doch heiraten", kommt er auf seinen ersten Gedanken zurück. Ich trete die Flucht nach vorne an: „Wen sollen dann deine Brüder Lukas und Joel heiraten?" "Lukas heiratet Yvonne (seine ältere Schwester) und Joel Inga (seine Cousine)", hat mein Sohn sofort eine Antwort parat. „Weil die Nicole, die hat ja schon den Stefan (ihren Freund)."

Joel petzt nicht

Dass es auf die richtige Wortwahl ankommt, wissen offensichtlich nicht nur Firmenchefs, die galant von „frei stellen", statt von „kündigen" sprechen, wenn sie Arbeitnehmer entlassen. Auch Joel (3) kann das schon. Petzen nämlich, das weiß ja wirklich jedes Kind, ist etwas für jämmerliche Weicheier. Neulich, als er weinend zu mir kam, fragte ich, was passiert sei. „Ich hab' mich angestoßen!", jammert er. „Wo?" "Am Kopf", heult er weiter. „Wo?" "Na, am Kopf", wiederholt er unter Tränen. „Nein, ich meine: Wo hast du dir den Kopf angehauen?" „An Joshuas Hand", schluchzt mein jüngster Sohn.

Lukas bekommt ein neues Zimmer

Lukas (14) kriegt ein neues Zimmer, besser gesagt neue Möbel. Das Jugendzimmer, das noch aus meiner Kindheit stammt, hat endgültig ausgedient. Als ich höre, um wie viele Euros Lieferung und Aufbau den Preis der Anschaffung erhöhen, beschließe ich, dass mein Ältester groß genug ist, mit Unterstützung selbst tätig zu werden. Vor vier Tagen hat er mit seinem Vater Bett, Schreibtisch und Schrank geholt. Heute endlich steht alles und Lukas kann jetzt wissend über Ikea-Witze lachen, auch wenn sein Zimmer in Würzburg und nicht in Schweden gekauft wurde. Die Möbel wird er sicher noch seinen Kindern vermachen, hat er doch buchstäblich jede Schraube mehrmals in der Hand gehabt - außer denen, die zu kurz waren. 24 zwei Zentimeter zu kurze Spax, drei Möbelstücke, vier Tage und zwölf mithelfende Hände (ohne Lukas) ergeben - eine prima Textaufgabe - ein neues Zimmer und einen Sohn, der den Wert von Möbeln völlig anders bemisst, als noch vor einer Woche.

Joshua hat Geburtstag

Geburtstage sind etwas Schönes. Auch Joshua (jetzt 5)

findet sie gut. Besonders, wenn es sein Geburtstag ist, den es zu feiern gilt. Weniger gut fand er, dass ein paar Kindergartenrocker ihm androhten, seine Einladung zu zerreißen. Ganz konsequent lud er keinen der Zerstörungswütigen ein. Worüber wir nicht gerade in Tränen ausbrachen - blieb so die Geburtstags-Horde in Haus und Garten überschaubar. Ebenso überschaubar ist laut meinem Sohn auch die gesamte Weltgeschichte. Als er nämlich am folgenden Tag beschloss: „Heute hab ich wieder Geburtstag", und wir ihm erklärten, dass man den nur einmal im Jahr hat, weil das eben an den Tag erinnert, an dem man zu Welt kam, konterte er trocken: „Ich bin doch schon immer da - so lang ich denken kann."

Heute ist Sommer

Endlich scheint morgens mal wieder die Sonne. Joel (3) hat offensichtlich ebenso sehnsüchtig darauf gewartet wie ich und beschließt mit strahlendem Blick aus dem Fenster: „Heut' ist Sommer. - Jetzt darf man mit Wasser planschen und ohne Schuhe laufen." Auch wenn die Anzeige auf dem Thermometer frühmorgens noch sehr zaghaft nach oben klettert, holen wir ihm statt eines langärmeligen Sweatshirts ein T-Shirt aus dem Schrank. Er streift es über und bemerkt: „Die Ärmel sind aber hoch." Die Sonnenzeiten den Vorhersagen der Wetterfrösche zum Trotz leider nicht. Deshalb darf Joel auch noch nicht im Garten mit Wasser panschen. Tut er auch nicht. „Ich spiele doch bloß Fischteich", verkündet er.

Mai

Blumenkohl mit Käsesauce

Da haben:

Blumenkohl, Kaffeesahne, Schmelzkäse, Salz, Pfeffer, Zitronensaft, Kartoffeln, evtl. gekochten Schinken in Scheiben.

So wird's gemacht:

Den Blumenkohl in Salzwasser kurz waschen und wässern, in einen Topf legen, mit kochendem Wasser übergießen und mit einem TL Salt und 1 EL Zitronensaft am Stück weich kochen (etwa 20 Minuten). Vom Kochwasser etwa ein Viertel Liter in einen kleinen Topf geben, Kaffeesahne dazugießen (etwa 200 ml) und den Schmelzkäse darin auflösen, pfeffern und evtl. etwas nachsalzen.

Den Schinken würfeln und in die Sauce geben oder die Scheiben einfach kalt zum Blumenkohl essen

Den Blumenkohl auf einem großen Teller servieren, dazu gibt es Salzkartoffeln.

Mein Muttertag

Morgen ist Muttertag. Ich werde später aufstehen als sonst, mich an einen gedeckten Frühstückstisch setzen und dann mit dem Kurs weitermachen. Ich verbringe diesen Tag nämlich ganz egoistisch, allein und gar nicht mütterlich auf einem Seminar im Elsass. Als ich den Termin buchte, hab ich schlichtweg nicht an Muttertag gedacht. Aber es ist gut so. Denn für den Sockel eigne ich mich nicht. Und was das Danken angeht, so schulde ich meinen Kindern mindestens ebenso viel wie sie mir. Zusammen Familienfest gefeiert haben wir trotzdem, am Himmelfahrtstag mit Oma, Opa, Tante und den Cousins. Um es mit Joels (3) Worten zu sagen: „Heute grillen wir im Garten, cool!". Die Zubereitung der Salate haben wir gerecht verteilt und am Grill stand - natürlich Opa.

Frühstück mit Tücken

Dass es oft nur auf das richtige Timing ankommt, ist bekannt. Bei uns fällt das Frühstück eindeutig unter diese Regel - wegen Joel (3). Da er meist als Erster aufsteht (bevor ich ausgeschlafen habe), ist er auch der Erste am Frühstückstisch. So weit so gut. Frühstückt er zügig, verläuft der Tagesbeginn harmonisch. Die Schwierigkeiten beginnen, kommt sein Bruder Joshua (5) währenddessen und „bestellt" etwas anderes. Sofort schiebt Joel mit den Worten „das schmeckt mir nicht" Nutella-, Wurst, Marmeladenbrot oder Müsli weg und verlangt das Gleiche wie Joshua. Fange ich dann nach dem Pausenbrote richten ebenfalls an zu frühstücken, will er das Gleiche wie ich, oder wie sein großes Bruder Lukas (14) oder wie Papa. Natürlich kriegt er das erst, ist das andere aufgegessen. Da es allerdings nicht gerade Spaß macht mit einem heulenden Kleinkind in den Tag zu starten, fällt, je nach Tagesform, die Konsequenz manchmal schwer. Es gibt Tage, da frühstücke ich deshalb außerordentlich reichhaltig.

Endlich wieder Schule

Am Montag ist wieder Schule. Und, anders als meine Kinder, bin ich froh drüber. Denn irgendwie ist es immer das Gleiche. Vor den Ferien hoffe ich, in den schulfreien Tagen und ohne den sonstigen Termindruck endlich mal all die Dinge erledigen zu können, die sonst liegen bleiben. Und kaum haben die Ferien begonnen, merke ich, dass es genau umgedreht ist: Statt mehr weg zu schaffen, bleibt noch mehr unerledigt. Okay. Ich glaube, ich freue mich trotzdem auf August und die nächsten Ferien.

Juni

Chinesischer Nudelsalat (zum Grillen)

Da haben:

Gabelspaghetti (500g), 3 Stangen Lauch, 2 Gläser Mungobohnenkeimlinge, Öl, Zitronensaft, Salz, Pfeffer, Zucker, Curry, Chinagewürz, helle Sojasauce.

So wird's gemacht:

Lauch waschen und in dünne Ringe schneiden.

Gabelspaghetti in Salzwasser kochen, in den letzten drei Minuten die Lauchringe unterrühren und mitkochen. Nudel und Lauch abschütten und abkühlen lassen. Die Mungobohnenkeimlinge ebenfalls abtropfen und unter Nudeln und Lauch mischen.

In einem Schüsselchen 10 EL Öl, 6 EL Sojasauce und 3 EL Zitronensaft verrühren mit je 1 TL Zucker, Salz und Curry sowie 2 TL Chinagewürz. Die Sauce über den Salat schütten, vermengen und durchziehen lassen.

Der Salat hält sich auch ohne Kühlung zwei bis drei Tage.

Dazu noch eine schnelle Grillspezialität:

Entsteinte, getrocknete Datteln mit je einer Scheibe Frühstückspeck (Bacon, Schinkenspeck) umwickeln (mit einem hölzernen Zahnstocher feststecken) und von zwei Seiten kurz grillen.

Was ich noch lernen muss

Die Woche begann für Joshua (5) mit seinem ersten Live-Fußballspiel. Er war begeistert, obwohl ich ihm die Illusion nehmen musste, dass bei dem kleinen Dorfverein Olli Kahn im Tor steht. Vom ersten Pfirsich, den er einen Tage später für die Brotzeit im Kindergarten dabei hatte, war er ebenfalls sehr angetan: „Mama, der war total lecker!" Als "einfach köstlich" bezeichnete er die erste Erdbeere aus dem eigenen Garten und „wunderschön" fand er das Erlebnis mit Blumen-bekränzten, heimkehrenden Wallfahrern. Seinen Sturz von der Armlehne der Gartenbank nach einer Kletterpartie fand er zwar „echt doof", hatte bei all den faszinierenden Sommerfreuden das Loch im Kopf aber schnell vergessen - anders als ich. Da kann ich von ihm wirklich noch lernen.

Eltern-Sandkasten im Kindergarten

Im Sand graben, schaufeln, baggern, kurz gesagt so richtig

im Dreck wühlen - das ist heute bei uns angesagt. Nein, wir sind nicht etwa mit den Kindern am Strand oder so. Der Kindergarten fordert an den nächsten drei Wochenenden das ganze handwerklich-gestalterische Geschick der Eltern. Wie in anderen Einrichtungen bereits geschehen, wird jetzt bei uns der Spielplatz neu gestaltet. Und damit der zur gewünschten Spiel- und Erlebnisstätte für unsere Kinder werden kann, dürfen wir das Gefühl sozusagen im Voraus schon mal auskosten. Der Neid meiner Söhne ist mir also gewiss!

Erste Hilfe für Mädchen und Jungs

Meine beiden Großen - mittlerweile 20 und 17 Jahre alt - sind Mädchen. Ich erinnere mich an eine Gehirnerschütterung, ein paar aufgeschürfte Knie von den ersten Roller- und Radfahrversuchen und ab und an mal blaue Flecken. Meine beiden Jüngsten - 3 und 5 Jahre - sind Jungs. In den letzten zwei Wochen waren wir wegen der Folgen von diversen Stürzen dreimal in der Notfallpraxis und leisteten mindestens ebenso oft selbst Erste Hilfe, mit Hilfe von Kühl- Akkus und Heftpflaster. Möglicherweise sind Jungs und Mädchen, beziehungsweise Männer und Frauen doch nicht so gleich. Obwohl: Lukas (14) ist auch ein Junge und mit ihm musste ich nie zum Klammern oder Nähen zum Notarzt. Er hatte allerdings zwei große Schwestern, mit denen er spielte. Dummerweise bietet auch die Nachbarschaft keine Hilfe, in Form eines sanften, überlegten Mädchens. Nebenan wohnt Lennart (4) und in einem Jahr vervollständigt wohl Paul, das Baby von Gegenüber, das Quartett. Es wäre vielleicht sinnvoll, die Notfallpraxis in unsere Nähe zu verlegen.

Erste interkulturelle Begegnung

Der Sommer ist die Zeit für Reisen und die Begegnung mit fremden Menschen und Kulturen. Auch Joshua (5) ist von diesem Fieber gepackt. Kürzlich verbrachten wir den Sonntag im Kitzinger Landkreis bei einem Beachhandball-Turnier. Während ich unsere Mannschaft anfeuerte, fand Joshua einen neuen, erwachsenen Freund. Begeistert kam er zu mir zurück: „Danach hab' ich mich schon lang gesehnt. Ich habe einen ausländischen Freund gefunden. Aber es war toll, ich hab' ihn sogar verstanden. Und ich konnte ihm Deutsch beibringen." Da mir von internationaler Beteiligung nichts bekannt war, stellte ich Nachforschungen an, welche Art Landsmann Joshua da ins Herz geschlossen hatte. Und musste feststellen: Die sprachliche Barriere war zwar vorhanden, aber wohl doch nicht so hoch, wie Joshua vermutete. Aber mit einem waschechten Nürnberger hat ein Kind aus dem Raum Würzburg dann wohl doch kleinere Verständigungsprobleme.

Juli

Reste-Paella

Da haben:

Basmati-Reis, Paprika, Tomaten (Kirschtomaten oder getrocknete), evtl. Erbsen, 1 Zwiebel, Salami, Fisch- oder Fleischreste (Hähnchen, Schweinebraten; geht natürlich auch frisches Fischfilet oder Hähnchenfleisch), Krabben, Muscheln, Tintenfische oder Meeresfrüchte, Zucchini, Salz, Pfeffer, Paprikapulver, Chilipulver, Kurkuma, Knoblauch, Olivenöl, etwas Wein, Gemüse- oder Hühnerbrühe.

So wird's gemacht:

In einem großen feuerfesten Bräter das Öl erhitzen und die gehackte Zwiebel sowie Knoblauch anschwitzen, die zerkleinerten Fleisch- und/oder Fischstücke dazugeben und kurz anbraten. Muscheln und/oder Meeresfrüchte dazugeben. Den Reis (2 Tassen) sowie die Gewürze unterrühren. Alles mit der heißen Brühe (ca. 1 l) und 0,1 Liter Wein aufgießen. Deckel schließen, in den Backofen stellen und bei 180° etwas 45 Minuten ziehen lassen..

Archäologie im Kindergarten
Beim letzten Einsatz zur Neugestaltung des Spielplatzes im

Kindergarten waren Birgit, eine andere Mutter, und ich fürs Pflanzen zuständig. Das hieß allerdings zuerst einmal graben. Mit Spitzhacke und Spaten rückten wir dem knochentrockenen, Kies durchsetzten Boden bei, um den Pflanzgraben für die Hainbuchen auszuheben. Mit Argusaugen beobachteten unsere Söhne, Joshua (5) und Erik (7), unsere Bemühungen und vor allem das, was wir außer Erde und Kies noch so nach oben beförderten. Erik begeisterte sich für Würmer, Larven und sonstiges Getier, Joshua für „Archäologisches" in Form eines verrosteten Herings und einer Metallöse. Später trollten sich die beiden einträchtig. Den Rest des Tages verbrachten sie am neu angelegten Buddelberg und im Kiesfeld. Was sie dort machten? „Wir suchen nach alten Sachen - fürs Museum", bekamen wir als Antwort. Das Konzept „neuer Spiel- und Experimentiergarten" ist, so scheint es, voll aufgegangen.

Wahrheit oder Komplimente?

Kindermund tut Wahrheit kund. Bisher war auch ich davon überzeugt. Nach einem Ausspruch meines Zweitjüngsten, Joshua (5), habe ich doch ein wenig Zweifel an der kindlichen Weisheit. Joshua nämlich war vor kurzem mit seinem Bruder Joel (3) sowie Oma und Opa unterwegs. Beide stehen trotz Erreichen des Rentenalters vor wenigen Jahren noch im Berufsleben und gelten gemeinhin als „junge Alte". Als Opa jetzt bei dem Ausflug, offensichtlich ein bisschen umständlich, aus dem Auto stieg, fragte Joshua: „Opa, sag mal. Warum bist du eigentlich so alt und Oma noch so jung?" Na, ja, vielleicht hat mein Sohn auch nur bereits gelernt, dass man als echter Herzensbrecher mit originellen Komplimenten Frauen um den Finger wickeln kann?

Wie man den richtigen Beruf findet

Irgendwann steht für jeden die Berufswahl an. Joel (3) tendiert stark in Richtung Koch. Joshua (5) hingegen interessiert sich - momentan - sehr für Wetterberichte in Zeitung, Radio und Fernsehen. Yvonne (17) allerdings, die nächsten Sommer Fachabitur macht, wenn alles glatt läuft, weiß „nicht wirklich", was sie danach machen soll. Ich denke ich sollte sie mal zum BIZ (Berufsinformationszentrum) schicken. Nicht etwa, weil ich mir vom Besuch dort so viele neue Erkenntnisse erwarte. Eher weil meine Älteste, Nicole

(20), einem Termin dort ihren Traumberuf verdankt. Weil die Sachbearbeiterin krank war, wurde das Beratungsgespräch verschoben. Just am neuen Termin aber lag, ganz frisch, ein kleiner Handzettel aus, in dem dringend und „ab sofort" eine Praktikantin gesucht wurde. Nicole griff zu und ist mittlerweile begeisterte Vorpraktikantin für Heilerziehungspflegerin.

Lukas und die Mädchen

Lukas (14) hat es nicht leicht. Schon im Kindergartenalter registrierten seine Schwestern Nicole (20) und Yvonne (17) mit großem Interesse jeden seiner Kontakte zu weiblichen Wesen. Neulich kam ich abends von der Arbeit nach Hause. „Lukas hat Besuch, zwei Mädchen", empfängt mich Oma schon an der Haustür. Einen Stock höher, als ich gerade meinen Rucksack wegstelle, flüstert mir Yvonne zu: „Bei Lukas sind zwei Mädchen!" Ich gehe in die Küche, um das Abendessen zu richten und erfahre von Michael, Joshuas (5) und Joels (3) Vater: „Dein Sohn hat Gäste: zwei Mädchen." Nur meine Schwester, selbst Mutter von vier Kindern (und gerade mit allen bei uns zu Besuch) sieht es realistisch: „So lange es zwei sind, würde ich mir keine Gedanken machen." Bei den vielen Augen überall wohl ohnehin nicht. Lukas hat es wirklich nicht leicht.

Gut geplant ist halb gewonnen

Endlich Ferien. Gemütlich aufstehen, ausgiebiges Frühstück, Zeit für Schwimmbad, Faulenzen - und kein Terminstress. Ein bisschen stört dabei nur, dass gleichzeitig mit Schule und Kindergarten die Zeitung nicht vier oder gar sechs Wochen zumacht. Mein kleines Problem lässt sich allerdings mit Hilfe guter Planung lösen. Zuerst fährt Yvonne (17) zehn Tage mit ihrer Freundin zum Zelten. Es kann aber auch sein, dass sich das verschiebt und erst Lukas (14), mit seiner ältesten Schwester (20) Urlaub macht. Allerdings muss sich das mit seinem Kurztrip nach Leipzig zur Computerspielmesse vertragen. Sicher ist hingegen, dass Joshua (5) und Joel (3) Oma und Opa bei Augsburg besuchen. Im Anschluss bleiben sie zum ersten Mal eine Woche alleine dort. Falls nicht, dürfen sie vielleicht doch mit Papa nach Österreich. Oder fahren sie eventuell mit Nicole weg und Lukas schließt sich Yvonne an? Ich erinnere mich dunkel, dass ich irgendwann auch eine Woche mit den vier Jüngsten gebucht habe. Oder wollten Oma und Opa aus Augsburg mit Yvonnes Freundin Joshua und Joel in Leipzig besuchen? Jedenfalls: Am 12. September ist wieder Schule und der Kindergarten öffnet am 29. August - oder war es umgekehrt?

August

Reis-Thunfisch-Salat

Da haben:

Reis, Thunfisch, Dosen-Ananas, Emmentaler-Käse, kleine Dose Erbsen, Chili-Sauce, Worcestersauce, Öl, Miracel Whip, Paprikapulver, Pfeffer, Zitronensaft, Salz, Chilipulver.

So wird's gemacht:

Den Reis kochen (zwei Tassen Wasser auf eine Tasse Reis erhitzen, 1 gestr. TL Salz dazu; wenn das Wasser kocht Reis hineinschütten, kurz bei niedriger Hitze kochen lassen, immer wieder rühren; dann Herd ausschalten und bei geschlossenem Deckel den Reis auf der warmen Platte ziehen lassen.).

Abgekühlten Reis mit Thunfisch, in Würfel geschnittenen Käse, Erbsen und abgetropften Ananasstücken (Obstwasser aufheben!) vermischen.

Aus den übrigen Zutaten und Gewürzen eine Sauce rühren und mit dem Salat mischen. Damit der Salat nicht zu trocken wird (der Reis zieht nach und nach die Flüssigkeit) vor dem Servieren jeweils zwei, drei EL Ananassaft untermischen.

Dazu passt: Toastbrot mit Butter.

Zahlen und unausgesprochene Fragen

Es gibt Fragen, die ich oft höre und trotzdem nie schnell beantworten kann. Dazu gehört die Frage: „Wie alt sind eigentlich Deine/Ihre Kinder?" Da sich das naturgemäß immer wieder mal ändert, muss ich stets kurz überlegen, bevor ich die richtigen Zahlen parat habe. Leicht zu beantworten ist hingegen eigentlich die andere Frage, die mir oft gestellt wird. Die nämlich, nach der Anzahl meines Nachwuchses. Da sich diese Zahl - ebenfalls naturgemäß - nicht ständig ändert, bin ich immer wieder erstaunt, warum es manchen Fragestellern so schwer fällt, sie sich zu merken. Bis fünf zählen kann schon mein Jüngster (er ist übrigens momentan drei) ziemlich problemlos. Manchmal beschleicht mich deshalb das Gefühl, es geht gar nicht um eine Zahl und um eine Frage, sondern eigentlich um ein Infragestellen der Zahl. Spüre ich das, habe ich mir angewöhnt zu antworten: „Als ich das letzte Mal nachgezählt habe, waren es noch fünf." Was ich nicht sage ist, dass Kinder für mich eben - naturgemäß - zum Leben zählen.

Alle Flüsse fließen ins Meer

Nach und nach spielen sich bei uns die Ferien ein. Mein ältester Sohn (14) begrüßt mich im Schlafanzug und mit einem freundlichen „Guten Morgen!", wenn ich am späten Nachmittag von der Arbeit heim komme. Auch Joshua (5) und Joel (3) haben beschlossen, die Ferien voll auszukosten. Und wann hat man mehr vom Tag? Richtig, wenn man früh aufsteht. Um 5 Uhr kommt Joshua angetrippelt und kuschelt sich noch mal neben mich ins Bett. Als sich wenig später der Zeiger gerade mal über die sechs gequält hat, erklärt er mir: „Mama, ich liebe zwar die Wärmheit bei Dir sehr, aber ich muss jetzt aufstehen." Fünf Minuten später steht er fix und fertig angezogen vor meinem Bett: "Gehen wir jetzt zum Main?" In den Händen hält er sein selbst gebautes Schiff aus Zweigen, Laub und Schnur. Ich konnte ihn überzeugen, noch zu warten. Ich weiß nicht wie, fehlen mir doch um sechs Uhr morgens mehr als nur die Worte, um zu überzeugen. Joshua vertritt zu jeder Tages- und Nachtzeit seine Überzeugung - und gerne lautstark. Ein gutes Argument brauche ich deshalb spätestens im September. Dann, wenn wir im Urlaub am Meer sind und uns sein in Freiheit entlassenes Schiff nicht am Strand vor unserem Ferienhaus erwartet. Denn für Joshua ist völlig klar, schließlich fließen ja alle Flüsse ins Meer. Vielleicht sollte ich den Prototyp nachbauen und ins Gepäck schmuggeln?

Urlaubsvorbereitungen

Vorbereitungen zu treffen ist wichtig. Besonders wenn man mit vier Kindern in Urlaub fährt. Ich fahre zwar ein Auto, für das der Hersteller mit dem Slogan wirbt, „Platz zu haben, ist etwas Wunderbares", trotzdem habe ich Zweifel an der Geräumigkeit des „kompakten Geheimtipps." Wenn Autofirmen von „persönlichem Freiraum" sprechen, rechnen sie meistens keine vier Kinder dazu. Und Mimi und Micky und Riesenschlafteddy schon gar nicht. Also beschließe ich, eine andere Lösung zu suchen, und einen Teil des Gepäcks aufs Dach zu verfrachten. Lukas (14), zerstört meine Illusion: „Und wer hebt das Ding aufs Dach und wieder runter?", entdeckt er präzise den Pferdefuß. Schlagartig wird mir klar, dass die Idee, das Autodach mitzubenutzen familienfreundliche Tendenzen hat. Sprich, ohne Papa geht da nichts, besonders wenn frau gerade mal knapp über 1,60 Meter kommt. Mitten in meine Überlegungen platzt Joel (3): „Mama, ich bin fertig für den Sommerurlaub. Schau, genau wie du", erzählt er mit strahlenden Augen und streckt mir rote Zehen entgegen. Die Filzstifte kann ich also schon mal zu Hause lassen.

Joshua und die Rennautos

„Mama." Aus Joshuas (5) Stimme spricht tiefe Tragik. „Er kann nicht mehr fahren. Michael Schumacher kann keine Rennen mehr fahren." Dass mein Sohn, seitdem er eine Woche bei seinem Motorsport-begeisterten Opa zu Besuch war, die Formel-1-Fahrer praktisch als gute Bekannte betrachtet, war nicht zu übersehen. Woher er allerdings am frühen Morgen - der Zeiger der Uhr zeigt halb acht - derartige Nachrichten hat, ist mir schleierhaft. Das Rätsel löst sich schnell. Er führt mich an der Hand ins Kinderzimmer. „Schau, das Auto ist kaputt, dem fehlt ein Rad und das andere ist nicht rot", zeigt er auf sein Sammelsurium an Duplo-Autos. „Jetzt kann Michael Schumacher keine Rennen mehr fahren", wiederholt er mit Grabesstimme. Gerade will ich anheben, dass er ja wohl ungefähr 394 andere Autos, zwar nicht von Duplo, aber von Matchbox und Konsorten in der Schublade habe, die sehr wohl noch rennfähig sind und mit denen er weiterhin Autorennen spielen kann. Da geht mir ein Licht auf. Michael Schumacher hat einen weißen Helm auf, trägt rote Hosen, rotes Hemd und rote Schuhe! Und stammt ebenfalls aus der Duplofabrik. Joshua hat tatsächlich Recht: Michael Schumacher kann keine Rennen mehr fahren. Ihm fehlt ein passend großer, funktionierender, roter Flitzer. Zumindest dem Schumacher in unserem Kinderzimmer.

September

Rindfleisch-Gemüse-Eintopf

<u>Da haben</u>:

Rinder- (oder auch gemischtes) Gulasch, Salz, Pfeffer, Öl oder Butterschmalz zum Anbraten, Paprikapulver, Thymian, Kartoffeln, Karotten, Zwiebeln sowie weiteres Gemüse nach Geschmack und Angebot (Paprika, Sellerie, Kürbis, Pastinake, Petersilienwurzel, Rüben).

<u>So wird's gemacht</u>:

Das Gemüse in Stücke schneiden. Die Fleischwürfel gegebenenfalls noch kleiner schneiden, im Fett anbraten. Grob gewürfelte Zwiebeln dazu geben und mitbraten. Gewürze dazugeben. Das weitere Gemüse nach – und nach einrühren und ebenfalls kurz (unter Rühren) andünsten. Zum Schluss die Kartoffeln zugeben und alles mit kochendem Wasser übergießen (so dass alles knapp mit Wasser bedeckt ist). Im geschlossenem Topf etwa 50 Minuten köcheln lassen (Garprobe mit Holzstäbchen machen).

Dazu passt frisches Roggen- oder Bauernbrot.

Hubschrauberslip statt Windel

Joel ist knapp drei, als er einen Platz im Kindergarten bekommt. Aufs Klo geht er noch nicht. „Später", antwortet er beharrlich auf jeden Vorschlag, es doch mal zu probieren. „Das mit der Windel ist kein Problem", zeigt sich das Kindergartenpersonal verständnisvoll. „Wir schicken ihn einfach immer mit den anderen aufs Klo, dann schaut er sich das ab." Erleichtert stimme ich zu und frage mich, warum er es sich nicht einfach von seinen älteren Geschwistern abschaut. „Im Kindergarten gelten andere Regeln als zu Hause", erklären mir die anderen Mütter. Eines Tages bekomme ich einen Anruf. Joel verkündet, er habe soeben in die Toilette gepinkelt und bräuchte keine Windel mehr. „Prima", freue ich mich, doch da habe ich die Rechnung ohne Joel gemacht: „Später, heute war ich schon", sagt Joel, als ich ihn am Abend aufs Klo schicke. Seine drei nassen Hosen wasche ich lieber gleich statt später. Jetzt reicht es mir. Obwohl ich der Meinung bin, dass aufs Klo zu gehen keine Leistung ist, für die man belohnt werden muss, sondern ein selbstverständlicher Entwicklungsschritt, verspreche ich meinem Sohn eine Belohnung, schafft er es entsprechend viele Punkte zu sammeln, indem er die Toilette benutzt. Joel begreift das System schnell. Stolz führt er jeden Gast zu seiner Tafel und erklärt: „Wenn ich so oft aufs Klo gegangen bin, kriege ich ein Laufrad." „Später", antwortet er auf die Frage, wann er denn mit Sammeln beginnt. Jetzt ist Joel dreieinhalb. Der Kindergarten hat Ferien und Oma auch. Joel fährt hin und bekommt einen hübschen Hubschrauber-Slip von der Uroma geschenkt. Mit Windel passt er nicht und nass werden soll er nicht. "ist okay", sagt Joel - und „später" ist passé.

Lukas und die Mädchen (2)

Wasser war jahrelang etwas, das Lukas (14) lieber aus der Ferne sah. Sein Lieblings-T-Shirt musste ich nachts heimlich aus seinem Zimmer stehlen, um es zu waschen - vorausgesetzt es war zu warm, um es auch nachts anzulassen. Heute rieche ich an der Duftwolke, wenn mein

Sohn kurz vor mir in der Küche war, finde ihn morgens, mittags und abends unter der Dusche und frage mich, wo all die Sachen hin sind, die früher sein Zimmer bevölkerten. Ich glaube, jetzt muss ich mir ernstlich Sorgen machen. Ich glaube, ich kenne sogar den Vornamen dieser Sorge - er ist nicht männlich.

Fast detailgetreue Malereien

Mama, was gibt es alles auf einer Insel? - Joshua (5) malt. Seit den Sommerferien, die er weitgehend ohne DVD-Player und dem mit Spielzeug vollgepacktem Kinderzimmer verbracht hat, hat er Buntstifte und Malblock richtig schätzen gelernt. Und seitdem die Computer-Animation im See-Aquarium ihm in diesem Sommer die Entstehung eines Atolls verdeutlichte, zeichnet er vorzugsweise einsame Inseln. Mit Palmen, Tauchern, Schiffen und vielen Details mehr. Seine andere malerische Vorliebe sind unser Häuschen samt Garten. Ein dort stets vorhandenes Detail muss er allerdings tiefer aus der Erinnerung hervorgekramt haben: den Opa mit dem Gartenschlauch. Vom Sommer 2005 kann er den wohl kaum im Gedächtnis haben. Das hätte ja geheißen, Eulen nach Athen zu tragen.

Von Goldeseln und Tanklastern

Lukas (14) zeigt mir seine Loseblattsammlung, genannt Englisch-Buch, und das nette Schreiben des Kultusministerium, dass ich unter anderem hierfür 40 Euro Büchergeld zahlen soll - die vielen Rollen Tesafilm für die Reparatur nicht eingerechnet. Außerdem hält er die Hand auf und fordert zehn Euro Kopiergeld, zehn Euro fürs Französisch-Arbeitsheft und das Selbe fürs Englisch-Workbuch. Bei Yvonne (17) höre ich bei 70 Euro auf mitzurechnen. Mein tiefer Seufzer war offensichtlich bis ins Kinderzimmer zu hören. Denn plötzlich steht Joshua (5) in der Küche, schüttet seinen kompletten mit Cent- und übriggebliebenen Pfennig-Münzen gut bestückten Geldbeutel auf den Tisch und strahlt mich an: „Da Mama, habe ich die Lösung." Spontan kommt mir da sein nächtlicher Ausruf in den Sinn, als ihn kürzlich eine Stechmücke quälte: „Blöde Mücke, hör auf! Ich bin doch kein Tanklaster!" Stimmt. Und ich kein Goldesel.

Oktober

Pfannkuchen süß oder sauer

Da haben:

400 g Mehl, 4 Eier, Salz, 750 ml Milch (oder Mineralwasser), Öl zum Braten.

Zum Belegen: Apfelmus, Zimtzucker, gekochter Schinken, Käse.

So wird's gemacht:

Aus Mehl, Eiern und der Flüssigkeit einen glatten Teig rühren. In einer flachen Pfanne das Öl erhitzen, jeweils einen Suppenlöffel Teig in die Pfanne geben. Pfanne schwenken, nach zwei bis drei Minuten den Pfannkuchen wenden, nach weiteren zwei bis drei Minuten herausnehmen und im eingeschalteten Backofen (70°) warmhalten (auf einem Teller oder gerollt in einer Auflaufform).

Die Pfannkuchen mit Schinken und/oder Käse gleich belegen und aufgerollt bis zum Servieren warmhalten.

Alternativ kann man auch erst den Schinken in die Pfanne geben, dann den Teig drüber, wenden und geriebenen Käse darüber streuen, aufrollen und servieren.

Dazu passt. Grüner Kopfsalat oder Endiviensalat

Diskussionen über Mode und Styling

Ich bin ungerecht. Darüber sind sich Joshua (5) und Joel (3) einig. Joel meint dies, weil ich die Frechheit besessen habe, ihm neue Schuhe zu kaufen und obendrein noch verlange, dass er sie anzieht. „Sie passen nicht", behauptet er stur, obwohl die Schuhe von der Größe her überprüft sind. Ich wäre vielleicht gnädiger, wenn es nicht bereits das dritte

Paar Schuhe wären, mit denen ich versuche, ihm die völlig kaputten und Bobbycar- geschädigten alten Halbschuhe vom Fuß zu locken . . . Offensichtlich hat er beschlossen, seinen restlichen Lebensweg in ihnen zu beschreiten. Joshua hat einen anderen Grund für sein hartes Urteil über mich. Er wünscht sich nichts mehr als neue Schuhe - und hat keine bekommen. „Kannst Du nicht einfach ein bisschen Leder reintun und dann kann ich Joels Schuhe anziehen - wo er sie doch sowieso nicht will", schlägt er vor. Und fühlt sich in seinem Urteil bestätigt, als ich das kurzerhand und völlig humorlos ohne weitere Diskussion ablehne. Inzwischen suchen wir angesichts der morgendlichen Kühle die Mützen für den Weg zum Kindergarten. Joel will die blaue - doch die ist kaputt. Die grüne ist die einzige, die er als Ersatz akzeptiert. Doch die liegt im Kindergarten: Beim Heimgehen gestern war es deutlich wärmer. Mit einem Seufzer rufe ich mir das Gespräch zweier Mütter in Erinnerung, das ich kürzlich belauschte: „Es ist schlimm: Ich kann meiner Tochter nichts mehr kaufen, ohne dass sie dabei ist", seufzte die eine. Die Tochter war zwölf. Joel scheint mir doch reichlich frühreif.

Von Schlössern und Prinzessinnen

Wir sind mit dem Auto in Würzburg. „Gel Mama, in dem Haus hat der Opa seinen Geburtstag gefeiert?", fragt Joshua (5). „Das ist kein Haus, das ist die Residenz, ein Schloss. Und Opa hat dort auch nicht gefeiert. Wir haben bloß davor geparkt", gebe ich Antwort auf diese relativ einfache Frage. „Warum ist das ein Schloss?", setzt Joshua das Gespräch fort. Ich schweige ratlos. Warum muss mein Sohn immer Fragen stellen, die man nur mit einem kompletten historischen Diskurs beantworten kann? Doch Hilfe naht schneller als geahnt. „Genau, warum - wo doch gar keine Prinzessinnen da sind", beweist Joel (3), dass sein Bruder und er sich bestens verstehen. Gott sei Dank, denn jetzt fällt mir eine Antwort doch deutlich leichter.

Ich glaube nicht an den Weihnachtsmann

Als Vorschulkind lässt sich Joshua (5) kein X mehr für ein U vormachen. Er weiß, dass der Mond nicht selbst leuchtet, wo der Regen herkommt, wie ein Atoll entsteht und dass Rentiere nicht durch die Luft fliegen - und schon gar nicht mitsamt einem Schlitten. Da er aber einen großen Wunsch hat - gut 100 Euro groß und von Lego - zieht er Schlüsse aus all seinem Wissen und fragt: „Mama, welche Telefonnummer hat der Weihnachtsmann?". Das anschließende Mutter-Sohn-Gespräch verschweige ich hier lieber. Nur so viel: Es endete mit Tränen bei meinem Sohn. Nicht, weil der Weihnachtsmann kein Telefon hat, sondern weil ich nicht an ihn glaube. Wenn das so ist, meint Joshua, kriege ich aber auch keine Geschenke - und das ist doch wirklich zum Heulen.

Lukas und seine Novemberpsychose

Der Sommer ist endgültig vorbei, der Schulalltag wieder eingekehrt, die letzten Äpfel geerntet, Nüsse und Kastanien gesammelt - und die Gedanken meiner Kinder richten sich auf den nächsten erfreulichen Fixpunkt: Weihnachten. Beim Blick auf den Kalender stellt Lukas (14) entsetzt fest: „Der erste Advent ist ja heuer schon im November, das ist ja völlig un-atmosphärisch. Der Advent gehört in den Dezember." Yvonnes Einwand (17), das sei doch häufig so und völlig normal, fegt er rüde vom Tisch: „Der November ist doch gar kein Monat. Den gibt es doch bloß, damit Weihnachten nicht so schnell kommt." Ich gebe es zu, an dieser schlimmen Neurose bin ich schuld. Lukas hat nämlich kurz vor Weihnachten Geburtstag. Und vor knapp 15 Jahren habe ich den November auch verwünscht und hätte ihn am liebsten abgeschafft, damit Weihnachten schneller kommt. Ich hatte nämlich am 24. Dezember Geburtstermin.

Mein besonderer Kaffee

Es war eine gute Entscheidung, nicht mehr als fünf Kinder zu haben. Denn die Woche hat nur fünf Werktage - und somit keine Möglichkeit für mehr Schul- beziehungsweise Elternabende. Deren drei hatte ich diese Woche - und das nur, weil die beiden Jüngsten derzeit den selben Kindergarten besuchen und ich sozusagen einen Abend spare. Oder besser gesagt, hätte sparen können. Denn tatsächlich war ich bei keinem, sondern verbrachte die lehrreichen Abende, samt der dazu gehörenden Tage, mit einem äußerst anhänglichen grippalen Infekt im Bett. Ganz ohne pädagogische Unterstützung erkannte ich bei dieser - äußerst seltenen - Gelegenheit, dass meine Kleinen ganz schön groß sind, wenn's drauf ankommt. So bekam ich, nachdem sich alle Fünf zum Stadtbummel samt McDonalds-

Besuch verabredet hatten, eine wunderschöne Blume geschenkt - „damit ich wieder gesund werde." Das Pfund Kaffee, um das ich gebeten hatte, hatten sie zwar vergessen, macht aber gar nix. Denn am nächsten Tag bekam ich gleich drei davon. Hätten die beiden im Kindergarten auch noch welchen kaufen können, wären es fünf gewesen. In den nächsten Wochen wird mir mein heiß geliebter Kaffee noch besser schmecken als sonst. Und das hat mit der Marke nix zu tun, sondern mit Liebe.

November

Martinsgänse aus Mürbteig

Da haben:

300 g Mehl, 2 gestr. TL Backpulver, 100 Zucker, 1 P. Vanillezucker, 1 Ei (kann man notfalls auch weglassen und 1 EL Sonnenblumenöl nehmen), 150 Margarine (Sanella) oder Butter.

So wird's gemacht:

Aus allen Zutaten rasch einen Mürbteig kneten. Mindestens eine Stunde im Kühlschrank in Alufolie eingewickelt ruhen lassen.

Auf einer bemehlten Arbeitsfläche dünn ausrollen, ausstechen und im vorgeheizten Ofen bei 180 auf dem mit Backpapier belegten Blech etwa 12 Minuten backen.

Wer's mag kann die Gänse vor dem Backen mit verquirltem Ei bestreichen und mit Zuckerstreuseln verzieren,

Als Gänseaugen eignen sich Rosinen.

Was Kühlschränke wert sind

Leonie (5) zieht um, mit ihrer Schwester und ihrer Mama, meiner Freundin. Als die neue Küche in der Wohnung aufgebaut wird, darf Leonie die ansonsten noch leere Wohnung auch schon mal besichtigen. Mit niederschmetterndem Ergebnis, denn Leonies Urteil hinterher ist hart: "Mama, die neue Wohnung ist überhaupt nicht schön", erklärt sie kurz, knapp und eindeutig. Behutsam versucht ihre Mutter herauszufinden, was die zarte Kinderseele so abgestoßen hat. Fragt sich, ob es bloß die noch leeren Räume waren oder doch eher die Angst ihrer Tochter vor der großen Veränderung. Doch sie muss gar nicht versuchen, schonend und sanft zu erfahren, was die Ursache für die harsche Ablehnung ist. Leonie schiebt die Erklärung bereitwillig nach: „Der Kühlschrank ist so leer." Meine Freundin ist überzeugt, dass sie den Makel beseitigen kann - schnell und nachhaltig.

Martinsspiel und andere Martinsfreuden

Mensch Mama, wenn es im Dunkeln anfängt rot zu leuchten und alle singen, das ist Wahnsinn - die Allianz-Arena ist einfach geil!". Seit seinem ersten Besuch dort, letzten Samstag, steht für Lukas (14) fest: „Wenn ich mit der Schule fertig bin, kauf' ich mir eine Saisonkarte." Gestrahlt haben diese Woche aber auch die Augen von Joshua (5) und Joel (3): Beim Martinszug mit den Kerzen und dem anschließenden Lagerfeuer im Kindergarten um die Wette. Wobei Joshua die Fackeln der Zugbegleiter, und vor allem deren leuchtende Warnwesten noch interessanter fand als das Licht seiner von ihm selbst gebastelten Laterne. Am spannendsten jedoch war, dass es als Vorschulkind beim Martinsfest heuer eine „tragende" Rolle in dem Schattenspiel hatte, das Eltern mit den Großen im Kindergarten einstudiert hatten. Als Freund von Martin, dem Helden, durfte Joshua diesem im Schatten des großen Lakens die Rüstung reichen - und mit ihm in einer fröhlichen Runde zechen. Weil er das zu Hause auch üben wollte, hatten wir in den letzten Tagen im Kinderzimmer eine Schattenbühne aufgebaut. Joel beeindruckte das alles weniger. Er überstand Zug und Fest erst an der Hand seines Freundes Felix und als es später wurde, an der seiner Freundin Paula. Da konnten Paulas Eltern ihre Tochter rufen wie sie wollten: Sie stapfte eisern mit Joel weiter - Richtung Lebkuchen und Kinderpunsch.

Von Wahrheit und Lüge

„Mama, heute haben wir den Babykrankenwagen gesehen,

hier bei uns im Kindergarten", erzählt Joel (3) ganz aufgeregt. Den Krankenwagen haben die Kinder mit ihrer Spende beim Martinszug "gesponsert". „Ja, und wir durften alle mal reingehen", ergänzt Joshua (5) die Erzählung seines Bruders, „und da war ein Brutkasten drin. Da kommen Babys rein, die sind so klein, dass sie auf eine Hand passen." „Ich weiß. In so einem war Joel auch mal drin", antworte ich. „Was", Joshua lacht. „Ehrlich? Mann, das habe ich im Kindergarten auch erzählt und wollte damit die anderen ,drankriegen'. Oh manno, jetzt ist das tatsächlich auch noch wahr", gesteht mein Schwindel-freudiger Sohn offenherzig. Als ich schon zu einem kleinen Vortrag über Wahrheit und Lüge ansetzen will, fragt er nach, ob Joel denn etwa auch so klein war. Da wird mir plötzlich bewusst, dass ich, ohne es zu wollen, auch nicht die Wahrheit gesagt habe. Denn Joel lag zwar in der Neugeborenen-Krankenstation, aber nicht im Brutkasten, sondern bloß am Überwachungsgerät, weil er mit einer Infektion zur Welt kam. Nur um ihn herum lagen Kinder in Brutkästen. Ein Bild, das sich mir scheint's bleibend einprägte. Den Vortrag über Wahrheitsliebe habe ich verschoben.

Würzburger Wetterkapriolen

Man kann mit dem Zeitungslesen nicht früh genug anfangen. Joshua (5) scheint dies auch zu wissen. Jeden Morgen „liest" er aufmerksam die Wettervorhersage. Als er beim Studium der bunten Bilder Schneeflocken entdeckt, ist er begeistert. „Mama, heute schneit es", verkündet er. Ich, schon ein paar Jahre länger mit dem Würzburger Wetter vertraut, wiegle ab: „Es kann heute schneien. Aber in Würzburg selbst tut es das vielleicht nicht. Höchstens draußen." Womit ich natürlich nicht vor der Tür, sondern weiter weg, vor den Toren Würzburgs meine. Doch Joshua glaubt anscheinend fest, was er schwarz auf weiß gesehen hat: „Nein, Mama. Es schneit hier!" Ich sage: „Bei Uroma und Uropa in Österreich gibt es bestimmt auch Schnee, wenn ihr dann dort seid". Es tut mir schon leid, dass ich meinen Sohn beim Thema Schnee immer vertrösten muss. Da sehe ich aus dem Fenster - und sehe die Schneeflocken tanzen.

Dezember

(Alkoholfreier Kinder-)Punsch

Da haben:

Roter Traubensaft, Orangen oder Orangensaft, Zimtstangen, ganze Nelken, Früchtetee (je nach Geschmack), Honig oder Kandiszucker, evtl. Holundersirup

So wird's gemacht:

Wasser aufkochen (Wasserkocher), Früchteteebeutel (oder losen Tee im Teefilter) in einen Topf hängen, kochendes Wasser darüber gießen, gut ziehen lassen, Traubensaft und Orangensaft oder gut gewaschene in Scheiben geschnittene Orangen zugeben (weiter ziehen lassen, aber nicht mehr kochen!), Zimtstangen durchbrechen und dazu geben (evtl. in Teefilter aus Papier), Honig oder Kandiszucker sowie Holundersirup (wenig) einrühren.

(Erwachsene können das Ganze je nach Geschmack mit etwas Rum oder einem dunklen Beerenlikör „anreichern")

Wir telefonieren

Wenn Joshua (5) und Joel (3) Oma und Opa besuchen -
diejenigen, die weiter weg wohnen, nicht die bei uns im
Haus - gehört das obligatorische Telefonieren mit mir, ihrer
Mutter, natürlich dazu. Die Gespräche enden meist gleich.
„"Sag' Oma und Opa noch einen schönen Gruß von mir",
sage ich wahlweise zu einem der beiden. Joshua hat sich das
offenbar gut gemerkt. Als kürzlich ich beruflich verreist war,
telefonieren wir auch. „Mama, wo schläfst Du", fragt Joshua
neugierig. „In einem Hotel", antworte ich. „"Na, dann sag'
dem Hoteldirektor 'mal einen schönen Gruß von mir",
entgegnete mein Zweitjüngster prompt.

Verschiedene Kinder und gleiche Rituale

„Haben wir den auch?" Joshuas (5) ganzes Gesicht ist ein
Fragezeichen. Wir sitzen beim Vorlesen im Kinderzimmer.
Joel (3) liegt im Bett, weil er wieder mal nach dem
Abendessen auf dem Sofa eingeschlafen ist. Yvonne, meine
Zweitälteste - seit diesem Tag 18 - erklärt: „Die Geschichte
hat uns Mama auch immer vorgelesen als wir klein waren. -
Was meinst Du, ob wir was auch haben?" „Na, den
Totensonntag". In unserem Lieblingsadventsbuch geht es um
die Weihnachtszeit bei Jesper und seinen Schwestern Jana
und Jule, und im eben gelesenen Kapitel darum, dass vor
dem Totensonntag Plätzchen und Weihnachtsschmuck nichts
in der Wohnung verloren haben. Yvonne klärt Joshua über
den Totensonntag auf und ich habe Zeit für Erinnerungen.
Da Yvonne, ebenso wie ihre große Schwester, zur
Volljährigkeit eine Fotosammlung ihres Lebens bekam und
natürlich postwendend durchblätterte (wobei ich ihr über die
Schulter guckte) ist die Vergangenheit ohnehin gerade sehr
präsent. Joshua, so denke ich, ist der Vierte, der die
Geschichte hört. Über den Totensonntag ist bisher keiner
gestolpert. Kinder sind eben verschieden. Vielleicht sind
gerade deshalb Familienrituale so wichtig. Wobei mir ihre
Existenz oft erst bewusst wird, wenn ein Kind, wie eben
Yvonne, sagt: „Das war bei uns auch immer so."

Verspäteter Weihnachtswunsch

Echte Jungs begeistern sich für alles, was Räder hat. Auch
Joshua (5) und Joel (3) bilden da keine Ausnahme. Als sie zu
Besuch bei ihren Freunden Semjon (6) und Lovis (3) sind,

lernen sie eine für sie neue Variante der Fortbewegung auf Rädern kennen: Inline-Skater. Joshua ist so begeistert vom durch die Wohnung Skaten, dass er Semjon im Tausch gegen die modernen Rollschuhe sein sonst so heiß geliebtes Fahrrad anbietet. Womit er seinen Freund in arge Gewissensnöte stürzt. „Ich hab' ja schon selbst ein Fahrrad", lehnt der den Tausch nach kurzem Überlegen ab. „Aber, ich hab' auch noch etwas Geld, das kann ich Dir geben. Dann kannst du Dir selbst Inliner kaufen", bietet er meinem Sohn großherzig sein ganzes Vermögen an. Semjon darf sein Geld behalten. Joshua hingegen hat noch einmal einen Brief ans Christkind geschrieben. Ich schließe mich seinem dabei sehnsüchtig geäußerten Wunsch an: Hoffentlich kommt der verspätete Brief noch rechtzeitig an.

Fröhliche und gesegnete Weihnachten

Heute ist Weihnachten. Für Joshua (5) und Joel (3) gestern aber auch schon ein bisschen - und damit für mich und die ganze Familie auch. Denn die beiden haben im Kindergarten Weihnachten gefeiert. In der Gruppe, ohne Eltern, ohne ein Krippenspiel und stolze Väter und Mütter, die „ihre" Maria oder ihren „Josef" für die Ewigkeit festhalten wollen. Aber mit selbst gesungenen Liedern und der Geschichte von Jesus und der Freude über seine Geburt. Schon am Morgen waren die Tische mit weihnachtlichem Grün und Kerzen - keinen Lichterketten - gedeckt. Es duftete herrlich weihnachtlich und jeder, der zur Tür hereinkam, grüßte automatisch fröhlich. Schon am Tag zuvor hatten Joshua und Joel von ihrer Feier gesprochen und sich darauf gefreut. Und in der ganzen Vorfreude fiel nie das Wort „Geschenk" oder „bekommen". Es ging nur um „feiern", und „wir zusammen". Ich hoffe, dass wir genau damit heute weitermachen in der Familie, in der Kirche, mit Freunden: Fröhliche und gesegnete Weihnachten!

Unser Umzug und wie jeder damit umgeht

Wir ziehen um. In einer Woche werden wir das erste Mal in unserem neuen Heim nächtigen. Kennengelernt haben wird die 105 Quadratmeter Wohnfläche schon jetzt sehr genau, sozusagen Zentimeter für Zentimeter. Yvonne (18), Lukas (15) und ich durch Grundieren und Streichen der Wände mit Lehm-Streichputz. Joshua (5) und Joel (3), die zwar auch gerne Wände bemalen - besonders solche die weiß tapeziert sind und eigentlich so bleiben sollen - haben wir dabei nicht mitmachen lassen. Wahrscheinlich werden sie sich rächen, indem sie nach dem Einzug der Wandgestaltung mit Filzstift und Kugelschreiber den letzten Schliff geben. Joel allerdings hat sich schon auf andere Art mit den neuen „vier Wänden" vertraut gemacht (tatsächlich sind es viel, viel mehr Wände, davon können meine Oberarme ein Lied singen): Während ich in der Küche die letzten Pinselschwünge setzte, lief er in einem nur ihm bekannten Ritual in alle Ecken des Hauses und berührte die Wände. Joshua, der Bastler, hingegen interessierte sich vor allem für den geräumigen Keller. Lukas setzte wieder andere Prioritäten: In seinem Zimmer gibt es einen Anschluss fürs Kabelfernsehen und seine gesellschaftlichen Verpflichtungen pflegen kann er, weil wir künftig drahtlos und per DSL im ganzen Haus im weltweiten Netz kommunizieren (so die Telekom will). Yvonne hingegen hat bereits ein künftiges Opfer zum Babysitten und Taschengeld aufbessern in der Nachbarschaft entdeckt und für den Nachschub an Kraft und Kohlehydraten für ihre Handballexzesse das „schottische Restaurant", nur einen Katzensprung entfernt.

Januar

Rote Beete selbst Einlegen

Da haben:

3 Pfund Rote Beete, 1 halber Liter Weißweinessig, 55 g Zucker, pro Glas ein Lorbeerblatt, 500 g kleine Zwiebeln, Twist-off-Gläser.

So wird's gemacht:

Rote Rüben waschen, vorsichtig abschrubben (ohne die Haut zu verletzen) und in Salzwasser weich garen (je nach Größe 40 bis 50 Minuten). Nach dem Abkühlen schälen, halbieren oder vierteln und in Scheiben schneiden.

Mit den geschälten Zwiebeln und dem Lorbeerblatt in die

Gläser schichten. Den Zucker im Essig so lange köcheln bis
er sich aufgelöst hat. Die heiße Lösung in die Gläser gießen,
zudrehen und auf den Kopf stellen.
Schmeckt erst nach einigen Tagen durchziehen richtig gut.

Fränkisches Missverständnis

Wir waren zum Abendessen bei Oma und Opa und fahren
wieder nach Hause. Joshua (5) hat bei den Großeltern
mitverfolgt, dass die österreichische Männerstaffel im
Biathlon völlig unerwartet den zweiten Platz holte und stellt
fest: „Da müssen wir dem Papa aber gratulieren" (sein Vater
ist Österreicher, was Joshua spätestens seit der Aktion "Du
bist Deutschland" ganz genau weiß). Lukas (15) meint
daraufhin: „Wenn Du mal groß bist, musst Du auch
Österreicher werden (momentan haben Joshua und Joel (3)
die österreichische und die deutsche Staatsbürgerschaft),
dann brauchst Du nämlich nicht zum Bund." Und fügt an
mich gerichtet an: „Hättest du anstatt Nicole (20) und
Yvonne (18) zwei Söhne bekommen, müsste ich nicht zur
Bundeswehr. Dann wäre nämlich ich der dritte Sohn - und
nicht Joel." Yvonne kontert: „Die Mama wollte halt erst das
Beste und hat ihre Töchter zuerst bekommen." Versöhnlicher
ergänzt sie: „Aber wenn die Kleinen groß sind, gehen sie
sowieso nicht zum Bund. Da gibt es die Wehrpflicht doch
längst nicht mehr!" Joshua hört die ganze Zeit ungewohnt
still zu, hinter seiner Stirn arbeitet es offensichtlich heftig.
Dann fragt er, mit blankem Entsetzen in der Stimme: „Aber
wieso bin ich, wenn ich groß bin, nicht mehr bunt?"

Ungebetener Hausgast

Mäuse finde ich goldig, Schlangen faszinierend und als mir
bei einem Zeltlager ein Frosch auf den Kopf gesetzt wurde,
ertrug ich das mit stoischer Ruhe. Es gibt jedoch etwas, was
ich fürchte wie sonst nichts: Spinnen. Ich meine damit nicht
Weberknechte, die in der Ecke hängen und warten bis sie im
Bauch des Staubsaugers verschwinden. Ich meine dicke,
fette, schwarze Hausspinnen, die flink davon sausen, wenn
man allen Mut zusammen genommen hat und Schuh,
Zeitung oder sonstige Mordwerkzeuge gegen sie erhebt. Nun
sind wir ja erst vor kurzem aus der Wohnung im ersten
Stock in ein Reihenhäuschen umgezogen. Mit ebenerdigem

Zugang als Einladung für die achtbeinigen Räuber. Yvonne (18) war die Erste, die unseren Gast entdeckte. Das Riesenvieh - die Spanne, die sie mit den Fingern zeigte maß gut acht Zentimeter - hatte sie angefallen, als sie am Morgen die Zeitung aus dem Briefkasten angelte. Den Rest des Tages verbrachte Fritz, wie ich das Untier taufte, brav versteckt unter irgendwelchen Schränken. Um am nächsten Tag Joshua (5) in Panik zu versetzen, indem es sich im Kinderzimmer über seinem Bett einnistete. Ganz überlegene Mama rief ich meinen ältesten Sohn zu Hilfe, um Fritz entweder ins Jenseits oder wenigstens in den Garten zu befördern. Was soll ich sagen - der Mann im Haus versagte kläglich und starrte tatenlos auf die Spinne wie das berühmte Kaninchen auf die Schlange. Nach verzweifeltem Überreden meinerseits gelang es ihm aber heldenhaft doch, Fritz mit Hilfe von Besenstiel und Eimer weit vor unsere Tür zu befördern. Sollte er dennoch zurückkehren, muss ich wohl andere Maßnahmen ergreifen. Laut Mietvertrag dürfen wir nur mit ausdrücklicher Erlaubnis des Vermieters Haustiere halten - können Spinnen eigentlich lesen?

Viel Platz im Keller

Seitdem wir umgezogen sind, besitzen wir neben sechs Zimmern - manche davon sind allerdings eher Kämmerchen - auch einen geräumigen Keller. Zu verdanken haben wir den vor allem dem kürzlichen Auszug des Platz fressenden Öltanks und dem Einzug eines schlanken Gasbrenners. Ein großer Keller ist etwas sehr Schönes - vorausgesetzt man hält diese Tatsache geheim. Das habe ich in den letzten Wochen gelernt. An Joels viertem Geburtstag beispielsweise brachte seine große Schwester Nicole (20) eine Spielzeugwerkbank mit. „Die kannst du ja in den Keller stellen", meinte sie. Dort steht auch der Sessel, den Yvonne (18) jetzt doch nicht im Zimmer haben wollte, die Fahrräder diverse Roller, Inline-Skates und Skateboards. Und natürlich meine gesamte Spinnradkollektion. Das große Piratenschiff aus einem riesigen Karton hat dort ebenfalls seinen Platz. Und demnächst werden der Tischkicker, unsere gesamte Campingausrüstung und ein paar alte Tische dort einziehen. Mittlerweile fürchte ich nichts mehr, als die Aussage, „das kannst Du ja in den Keller stellen." Ach ja, sollte sie länger nichts mehr von mir hören, dann schauen Sie doch mal bitte in unserem Keller nach - wahrscheinlich bin ich dann

irgendwo auf dem Weg zwischen Waschmaschine und
Trockner steckengeblieben.

Februar

Gerichte mit Roter Beete

Da haben:

Für beide: gekochte Pellkartoffeln, Zwiebeln, Salz, Pfeffer,
Rote Wurst oder Speck, eingelegt Rote Beete (siehe Januar).

So wird's gemacht:

Kartoffeln in Scheiben schneiden, Zwiebeln fein hacken.
Variante eins: Speck würfeln in der Pfanne anbraten,
Zwiebeln mitbraten. Die Rote Beete abtropfen und im
Zwiebel-Speck-Gemisch warm werden lassen. Daneben die
Kartoffelscheiben in einer anderen Pfanne in Öl oder
Butterschmalz knusprig braten.
Variante 2: Rote Wurst (am besten ein „Knäudele", geht
aber auch Dosenwurst) klein schneiden, Zwiebeln und Rote
Wurst im Öl schwimmend anbraten. Kartoffelscheiben
dazugeben und alles rösch anbraten.
Die Rote Beete mit Essigwasser in eine Salatschüssel geben,
2 bis 3 EL Öl dazu und als Salat dazu servieren.

Besondere Morgenfreuden im Winter

Schnee finden Joshua (5) und Joel (4) toll. Ich auch - am
Wochenende, wenn niemand in den Kindergarten muss. An
Wochentagen ist meine Liebe zum Winter etwas getrübt.
Meist erst, wenn wenn wir das Haus verlassen wollen, fällt
mir auf, dass Joel mal wieder die lange Unterhose, die ich
hingelegt hatte, vergessen hat. Also: Hose aus, Unterhose

an, Hose an, dabei Joshua mit Engelszungen zum Pulli-Wechsel überreden. Fertig. Den Schneeanzug zieht sich Joel dann alleine an, ebenso die dicken Schneestiefel mit Klettverschluss. Joshua kann das ebenfalls - wenn er will oder gerade nichts Wichtigeres zu tun hat. Joel zieht sich inzwischen wieder aus, weil er aufs Klo muss. Als endlich beide dick eingepackt vor mir stehen, und ich ebenfalls in die Schneeausrüstung geschlüpft bin, fällt einem von Beiden ein, dass er etwas Wichtiges vergessen hat, das unbedingt heute mit in den Kindergarten muss. Ich habe drei Möglichkeiten: mit Stiefeln quer durch das Haus tappen und später putzen, die Schuhe wieder ausziehen oder das Kind brüllen lassen. Variante zwei ist am Nerven-schonendsten und am wenigsten zeitraubend. Als ich zurückkomme steht Joel wieder ohne da. Diesmal lag ihm der Socken im Stiefel quer. Als wir Stunden später endlich im Auto sitzen, merke ich, dass wir die Rucksäcke mir der Brotzeit vergessen haben. Macht nix, bis wir in den Kindergarten kommen, ist es ohnehin Mittag.

Ein guter Morgen

Morgens, 20 nach Sieben. Yvonne (18) geht schlecht gelaunt zur Schule (auf sie wartet eine Schulaufgabe), Lukas (15) frühstückt wortlos und muffelig, Joshua (5) hüpft trotz mehrfacher Aufforderung sich anzuziehen, auf Strümpfen und im Unterhemd durchs Haus und triezt dabei seinen Bruder Joel (4). Der weint, weil sein Pulli nicht passt, weil ich nicht schnell reagiere, weil er mit dem falschen Fuß zuerst aus dem Bett gestiegen ist. Ich spüre wie es in mir anfängt zu brodeln. Der Himmel draußen ist grau, der Tag trist. Endlich sitzen auch die beiden Kleinen am Frühstückstisch. Ich schütte Joel die Milch ins Müsli und der Deckel der Milchtüte plumpst mit in die Schüssel. Da muss ich plötzlich lachen. Zwei helle Kinderstimmen fallen mit ein - und draußen kämpft sich die Sonne durch die Wolken.

Willkommenspost nach dem Umzug

Das ist ungerecht, findet Joshua (5). Ich würde für den Brief, den Joel (4) und ich letzte Woche bekamen, ein anderes Adjektiv benutzen. Der Nachsendeauftrag bei der Post ist Grund für den dicken Umschlag mit Inhalt. Der Rest der Familie, dessen Post natürlich ebenso an die neue Adresse umgeleitet wird, ging leer aus. Joel freut sich jetzt also schon darauf, künftig noch vor dem Kindergarten die Frankfurter Rundschau zu lesen, beim Heimkommen in diversen Wochenzeitschriften zu blättern, und seine zahlreichen Versandhaus-Bestellungen mit seinem persönlichen Adressaufkleber zu verzieren. Den Kaffee-Pad-Automat, den er zu seinem Handy dazu bekommt, überlässt er großzügig mir, fordert aber ersatzweise zum Navigationspaket das entsprechende Auto. Auch wenn er fürs Fernstudium keinen fahrbaren Untersatz braucht. Großzügig erlaubt er mir beim Kauf neben meinem auch seinen Schnellkredit zu nutzen. Da ich heute im Briefkasten doch noch die Gutschein-Pakete für die bisher leer Ausgegangenen vorfand, stehen uns paradiesische Zeiten ins Haus. Gut so. Denn während meine Kinder sich gegenseitig Zeitung vorlesen, habe ich Zeit, den zahlreichen Anrufern diverser Telefongesellschaften zu versichern, dass ich tatsächlich so dumm bin, aufs Super-Billig- Angebot zu verzichten. Schön, wenn einen im neuen Haus so viele nette Menschen willkommen heißen.

Zeitvorstellungen und lange Traditionen

„Mama, was bedeutet eigentlich, es hat eine lange Tradition?", fragt Joshua. Wochenlang beschäftigte ihn und den Rest der Familie das Ratespiel eines Radiosenders, der nach einem Dingsbums gesucht hatte, das angeblich eine lange Tradition in Bayern haben und ein „e" enthalten soll. „'Lange Tradition' bedeutet, dass es etwas schon sehr lange gibt", versuche ich eine unkomplizierte Erklärung. „Dann ist es klar, das Dingsbums ist der ICE", verkündet Joshua im Brustton der Überzeugung. „Das kann nicht stimmen, den gibt es doch noch gar nicht so lange", entgegne ich. Doch Joshua weiß es besser: „Klar gibt es den schon lange. Mindestens mein ganzes Leben lang", antwortet der Fünfjährige.

März

Eierlikör- bzw. Rote-Grütze-Torte

Da haben:

160 g Butter, 160 g Zucker, 2 Vanillezucker, 10 Eier

(getrennt), 400 g gemahlene Mandeln, 2 TL Backpulver, 200 Raspelschokolade, 2 EL Rum, 2 EL Weinbrand, 1 Glas Rote Grütze, ca. ¼ l Eierlikör, 2 Sahnesteif, 1 halber Liter Sahne (für eine Torte alle Mengen halbieren) .

So wird's gemacht:

Über den Boden zweier Springformen Bachpapier spannen. Den Rand einfetten. Backofen auf 170° (bei gleichzeitigem Backen Heißluft verwenden). Eiweiß mit einer Prise Salz steif schlagen. Butter, Zucker, Vanillezucker und Eigelb schaumig rühren. Mandeln Backpulver und Raspelschokolade vermischen und auf kleiner Stufe unter das Butter-Eier-Zucker-Gemisch rühren. Rum und Weinbrand einrühren. Das Eiweiß vorsichtig unterziehen (mit dem Rührlöffel). Den Teig auf die zwei Formen verteilen und etwa eine Stunde backen (Stäbchenprobe).

Nach dem Abkühlen der Böden (!) Sahne mit Sahnesteif und 2 TL Zucker steif schlagen und auf die Böden streichen (den Rand evtl. mit einer Spritztülle aufspritzen. Auf die eine Torte Rote Grütze auf die andere den Eierlikör verteilen. Statt Roter Grütze lieben Kinder auch einfach Smarties oder bunte Zuckerstreusel auf der Sahne.

Wohlerzogene Kinder am Samstagmorgen

Samstagmorgen, kein Kindergarten, kein Schul- und Arbeitstag für uns. Um 6 Uhr höre ich das erste Rumoren im Kinderzimmer. „Joshua, komm wir gehen aufs Klo. Ich mag das nicht allein", ertönt Joels (4) helle Kinderstimme. Weil Joshua (5) offensichtlich **nicht** reagiert, wird Joel ungehalten - und wiederholt die Bitte lauter und knapper. Es funktioniert: Joshua ist auch wach. Blöd an einem freien Tag, doch meine wohlerzogenen Kinder gehen, ohne nach ihrer Mutter zu rufen, hoch ins Spielzimmer. Um dort mit tonnenschweren Granitsteinen Murmel zu spielen - zumindest hört es sich so an. Als sie endlich genug davon haben, folgt offensichtlich eine Ritterschlacht, „Ich bin stärker, ooaaarrh ha", schallt es durchs Haus. „Nein, das ist meine Burg", brüllt eine hysterische Kinderstimme zur Antwort. „Geh weg! Mama!" Ich ignoriere den Hilferuf. Der Lautstärke nach könnte schließlich auch die Nachbarin drei Häuser weiter gemeint sein. Oben wird es wieder ruhig. 20 Minuten lang. „Mama, machst du jetzt endlich Frühstück", reißt mich da Joel aus den gerade wieder begonnenen Träumen. Gut, dass ich erst später einen Blick ins Spielzimmer wagte, ansonsten hätten meine Söhne statt zu essen ihre ohnmächtige Mutter versorgen müssen. Kann man es in 20 Minuten schaffen, alle Kisten und Schränke auszuleeren?

Vorteile einer Großfamilie

Nicole (20) steht im Badezimmer und macht sich für eine Party zurecht. Durch die geöffnete Türe sehe ich ein ärmelloses T-Shirt, weit ausgeschnitten und viel nackte Haut zwischen Hosenbund und Shirt. Stirn-runzelnd blicke ich an meinem dicken Pulli herunter. Da kommt Lukas (15) vorbei, wirft einen Blick ins Bad: „Es ist Winter!" murmelt er seiner Schwester zu, bevor er in seinem Zimmer verschwindet. Joshua (5) kommt angehüpft. Ein Blick ins Badezimmer: „Nicole, weißt Du, dass noch Winter ist!", ruft er empört aus. Ich drehe mich beruhigt um, als ich sehe wie Nicole sich ein Sweatshirt überstreift. Das Schöne an vielen Kindern ist, dass sie sich gegenseitig erziehen.

Wie die Mutter so der Sohn

Lukas ist 15 Jahre und ein Junge. Gehört also einer Spezies Mensch an, die mir, seiner Mutter in den Vierzigern, zuweilen ziemlich exotisch erscheint. Besonders, wenn er mit Schal und Mütze verkleidet - Utensilien übrigens, die auf der Straße anzuziehen, ich ihn nicht mal in diesem Winter überzeugen konnte - vor dem Fernseher sitzt und mit Lauten, die ich eher im Urwald vermuten würde als in meinem Wohnzimmer, „seine Bayern" anfeuert. Doch ich muss zugeben, dass unsere Seelenverwandtschaft doch größer ist, als angenommen. „Das kann man ja nicht mehr sehen", stöhnte er morgens beim Frühstück beim Blick in die unaufgeräumte Küche. Ich konnte ihm nur beipflichten, während ich seine beiden Brüder ins Auto packte, um sie beim Kindergarten abzuliefern und selbst zur Arbeit zu eilen.

Als ich am Nachmittag heimkam, konnte ich mich entspannt umschauen: Meine Wohnung war blitzsauber und aufgeräumt. Gott sei Dank gibt es Freitagnachmittag keine Fußballspiele.

Was man einem Schulkind schenkt

Im September kommt Joshua (5) in die Schule und braucht einen Schulranzen. Ein nicht gerade billiges Vorhaben. Doch bevor ich begann, mich ernsthaft damit zu beschäftigen, bot sich eine prima Lösung an: An Weihnachten schon meldete sich Joshuas Pate und verkündete statt des 43. Legokastens ganz auf eine weihnachtliche Gabe zu verzichten und zum Christfest und dem Geburtstag im April einen Ranzen zu kaufen, den sich der künftige ABC-Schützling am Besten selber aussuchen solle. Fünf Wochen vor Joshuas sechstem Wiegenfest - wir sind noch vollauf beschäftigt mit der Qual der Wahl - klingelt das Telefon und Joshuas Würzburger Oma fragt an, ob Joshua denn einen Ranzen bräuchte und ob sie den vielleicht kaufen könne . . . Zwei Wochen später, vor dem großen Fest, ruft Joshuas Papa an und teilt mit, dass am Montag Oma und Opa aus Augsburg mit dem baldigen Schulanfänger einkaufen gehen möchten: einen Schulranzen. Wenn ich es genau überlege: Da spätestens in der dritten Klasse der nächste Design-Rucksack fällig wird, sollte ich wohl einfach Nummern vergeben, um die Warteliste überschaubar zu machen.

April

Lammkeule mit Zeit

Da haben:

Knoblauchzehen, Karotten, 1,5 kg Lammfleisch (Keule), 50 g fetter Speck in dünnen Scheiben , 100 g Schweineschmalz, Kartoffeln, Gemüsebrühe, Salz, Pfeffer, Thymian, Lorbeerblatt.

So wird's gemacht:

Knoblauch schälen und in Stifte schneiden, die Keule damit spicken, mit Salz und Pfeffer einreiben und mit dem Speck umwickeln. In einem großen Bräter das Schmalz erhitzen und die in Scheiben geschnittenen Karotten und Zwiebeln (je 2 bis 4) darin anbraten. Dann die Keule im Schmalz von allen Seiten anbraten. Die Hälfte der Brühe, Thymian und Lorbeer dazugeben. Bräter schließen und alles bei kleiner Hitze fünf bis sechs Stunden schmoren lassen. Bei Bedarf Brühe nachgießen. 30 Minuten vor dem Ende der Garzeit die ebenfalls in Scheiben geschnittenen Kartoffeln zugeben (ca. 150– 200 G pro Person), mit Salz betreuen und weich ziehen lassen.

Eine kleine Schwester für Joshua

Wochenende: Wir besuchen Joshuas Paten in der Rhön, um das neue Baby, das zweite Töchterchen der Familie, gebührend zu bestaunen. Acht Wochen ist die Kleine jetzt, ihre große Schwester Patricia rund 20 Monate. Kaum sind wir da, genießt Joshua (5) die Bewunderung von Patricia. Stolz lässt er sich von ihr an die Hand nehmen, zum Spielzimmer führen. Später am Kaffeetisch verkündet er: „Ich will auch eine kleine Schwester." Als wir einwenden, dass er doch einen kleinen Bruder habe, winkt er ab. Eine kleine Schwester sei viel besser. Da fängt das jüngste Familienmitglied der Gastgeber - eigentlich satt und frisch gewickelt - lauthals an zu brüllen. Zehn Brüll-Minuten später hält sich Joshua die Ohren zu. Ich halte die Gelegenheit für günstig: „Na, willst du immer noch eine kleine Schwester?", frage ich mit siegessicherem Grinsen. Da schaut er mich entrüstet an, schüttelt den Kopf, deutet auf Baby Veronika und erklärt seiner Mutter, die er offensichtlich für etwas schwer von Begriff hält: „Aber Mama, doch nicht die, sondern Patricia. Wir können ja Joel dafür da lassen - wenigstens für einen Tag."

Mitleid mit der Cousine

Wir haben Besuch. Meine Schwester und ihre vier Kinder, in

Lüneburg in Niedersachsen zu Hause, verbringen einen Teil ihrer Osterferien bei uns. Joshua (5) hat Mitleid mit seiner gleich-alten Cousine Inga. Wir sind im Auto unterwegs und hören dabei Radio. Edmund Stoiber habe verkündet, dass Kinder, die nicht Deutsch sprechen, künftig in Bayern nicht mehr eingeschult werden, berichtet der Radiosprecher. „Oh, oh", meldet sich da spontan Joshua (5) vom Rücksitz. „Inga kann doch auch nur lüneburgisch!"

Mit dem lieben Gott auf Du

Warum wir Ostern feiern? - Was viele Menschen heute, Umfragen zufolge, nicht mehr wissen, ist für Joshua (5) überhaupt kein Problem. Am Karfreitag, wir machen uns gerade - bei Regen - auf den Weg zum Gottesdienst in unserer kleinen Gemeinde, stellt er fest: „Der liebe Gott weint, weil Jesus heute gestorben ist." In der Kirche selbst, als der Priester die Kinder direkt anspricht, und darauf hinweist, dass Jesus unschuldig hingerichtet wurde, ist Joshua nur kurz betrübt. „Aber morgen steht er ja wieder auf", verkündet er dann, sichtlich erleichtert und voller Überzeugung. Mit Gott steht er ohnehin auf Du und Du. Seiner Schwester Nicole jedenfalls, die heuer am Ostersonntag 21. Geburtstag feiert, will er ein Lied schenken: „Lieber Gott, lass die Sonne wieder scheinen . . . denn die Großen und die Kleinen, sehnen sich nach Sonne, so wie ich." Dem habe ich nichts hinzuzufügen.

Erziehung und Vererbung

Erziehung ist vor allem Beispiel, heißt es immer. Wenn ich mir eine Tasse aus dem Schrank hole, schließe ich hinterher die Tür. Suche ich mir das Outfit für den Tag aus dem Kleiderschrank, verlasse ich ihn so geschlossen wie ich ihn vorfand. Hole ich ein Messer, bleibt die Schublade nicht offen. Es funktioniert: Lukas (15) und Yvonne (18) folgen brav meinem Beispiel. Vererbung allerdings, so las ich kürzlich, spielt doch eine größere Rolle bei Verhaltensmustern, als man bisher immer so annahm. Wenn Joshua (5) einen Pulli aus dem Schrank zieht, bleibt die Tür offen. Räumt er - meist erst nach Aufforderung - seine Schuhe in die Kiste, hängt diese fortan auf Halbmast aus dem Regalfach. Besucht er die Toilette, bleibt nicht nur der Deckel offen, sondern die Hinterlassenschaft in der Schüssel . . . Aber er ist entschuldigt. Als neulich sein Vater bei uns zu Besuch war, holte er sich eine Kaffeetasse. Hinterher fand ich die Türe offen . . . Die Sache mit der Toilette allerdings ist weder vererbt noch abgeschaut - sie ist wohl Ausdruck einer gewissen Individualität.

Wir feiern Kindergeburtstag

Den Kindergeburtstag, den mein jetzt sechsjähriger Sohn vehement einforderte, wollte ich gut planen, scheiterte allerdings schon mit der ersten Regel: So viel Gäste, wie du Jahre alt wirst. Am Mittwoch, dem Tag vor dem Fest, erreichte uns ein Anruf. Joshua hatte im Kindergarten einem weiteren Freund erzählt, er sei eingeladen und habe nur keine Karte bekommen, weil Joshua keine Lust mehr gehabt habe, noch eine weitere zu schreiben. Da es sich draußen gerade begann einzuregnen und neun Kinder (die Gäste plus Joshua und Joel, 4) sowieso zu viel für unser Häuschen waren, kam es nicht mehr drauf an. Außerdem sind zehn Kinder für Wettspiele besser als neun. Was soll ich sagen: Es kamen alle, und sogar ein Nachbar klingelte. Nicht um sich über den Krach zu beschweren, er wollte nur etwas wissen. Da er jedoch zur Unzeit - die Eltern waren zum Abholen der Kleinen bestellt - klingelte und sich weigerte eines der Kinder mitzunehmen oder wahlweise ein Geschenk rauszurücken, fertigten mein Sohn und ich ihn lieblos ab. Ich fürchte, wir müssen demnächst zur Versöhnung ein Straßenfest feiern.

Mai

Chinatopf

Da haben:

Puten- oder Hähnchenfleisch, Krabben, Paprika, Karotten, Zwiebeln, Lauchzwiebeln, Pilze, evtl. Sellerie, evtl. Blumenkohl oder Brokkoli, Ingwer frisch oder als Pulver, Mungobohnenkeimlinge im Glas, Chili-Ketchup, Sojasauce, Mangochutney, Curry, Paprikapulver, Krabben, Salz,

Pfeffer, Chilipulver, Kurkuma, Öl, Basmati-Reis.

So wird's gemacht:

Das Gemüse zerkleinern (Möhren und Paprika in Rauten schneiden; Zwiebeln vierteln bzw. achteln, Pilze halbieren bzw. vierteln). Im Öl das in Streifen Stücke geschnittene Fleisch anbraten. Nach und nach Zwiebeln, Karotten, Paprika, Pilze und das übrige Gemüse zugeben. Gewürze darunter rühren, Chili-Ketchup (2-3 EL) und Sojasauce und Mangochutney dazu, Am Ende die Krabben und die Keimlinge unterheben. Mit etwas Wasser angießen. Noch etwa 10 Minuten leise köcheln. Den Reis kochen wie auf Seite 23 beschrieben. Das Gericht lässt sich gut mit Stächen aus chinesischen Reisschalen essen.

Wandertag für alle

Im Kindergarten ist Wandertag. Joel (4) kommt mit einer knielangen Hose zum Frühstück. Freundlich fordere ich ihn auf, bitte eine lange Hose anzuziehen, wegen der Zecken im Wald. Ohne Murren trollt sich mein Jüngster nach oben und kommt drei Minuten später wieder, um seine lange Hose zu präsentieren. Ich schlucke kurz, um dann beiläufig zu erklären: „Schatz, ich dachte eigentlich an eine Jeanshose." Joel entgegnet freundlich aber bestimmt: „Das ist eine Jeans, Mama, eine weiße Jeans." Gott sei Dank weiß ich, dass mein Sohn zwar gern im Dreck spielt, denselben aber an Händen und Kleidern hasst. „Ja, schon. Aber weißt du, eine dunkle Jeans wäre besser. Die weiße könnte im Wald dreckig werden." Es funktioniert. Ohne ein weiteres Wort geht mein Sohn und zieht sich noch mal um. Wenig später jedoch muss ich zweimal die Treppe hoch laufen. Um nämlich die Wanderstiefel der Kinder zu holen, die ich vor zwei Tagen ins Winterquartier geräumt hatte. Denn - natürlich schön nacheinander - beschließen Joshua (6) und Joel, dass nur diese Fußbekleidung fürs Wandern Sinn macht - wegen der Zecken und des Drecks. So hatten wir schließlich alle was vom Wandertag.

Wir säen Rasen an

Endlich ist es so weit: Ich konnte meinen Rasen ansäen. Jeden Tag stehe ich nun morgens und abends mit dem Schlauch da, locke die grünen Spitzen hervor - und genieße die Vorteile einer Reihenhaussiedlung. Denn nicht ich alleine, sondern nahezu alle Nachbarn die vorbeikommen, werfen ebenso beschwörende Blicke auf die braune Erde in unserem Garten. Auch die Kinder, meine eigenen wie die ringsherum, sind sehr interessiert am Wachstum unseres Grüns. Wahrscheinlich weil endlich der Sandkasten in Form eines Wikingerschiffes in Beschlag genommen werden kann, wenn das Grün sich auf den wenigen Quadratmetern flächendeckend ausgebreitet hat. Neulich wollten die Jungs dem ganzen wohl etwas nachhelfen, sozusagen als Überraschung für mich. Der Rasen ist danach allerdings nicht schneller gewachsen. Wahrscheinlich aber meine Wasserrechnung. Und der Weg zwischen den Häuserreihen ist jetzt wirklich sehr sauber. Es hat doch etwas Gutes, wenn der Schlauch länger ist als der Garten breit.

Von Noten und Schach-Spielen

Yvonne (18) hatte die erste Prüfung fürs Fachabitur. Englisch war dran. Mündlich. Zur Note rutscht mir spontan ein „Das könnte aber besser sein!" raus. Als ich das Thema höre, leiste ich meiner Tochter aber insgeheim Abbitte. Ich hätte nicht mal gewusst, was die Prüfer von mir wissen wollen. „Binge drinking". Was ist das? Da meine völlige Ahnungslosigkeit mir wohl ins Gesicht geschrieben steht, schiebt Yvonne die Übersetzung nach: „Koma-Saufen". Ihrem jüngsten Bruder Joel (4) ist jetzt alles klar: „Na, klar, Oma-Saufen", bestätigt er. Um uns nicht in ein falsches Licht zu rücken, erwähne ich lieber noch, dass Joshua (6) beim Gottesdienst zum Familientag im Kindergarten laut vor allen Eltern und Kinder erklärte, dass er am liebsten mit Mama oder Papa Schach spielt. „Siehst du Mama", flüsterte mir Yvonne daraufhin zu, "mit mir hast du nie Schach gespielt, du brauchst dich also über meine Noten nicht wundern." Um der Wahrheit zu genügen: Ich habe mit Joshua genauso oft Schach gespielt wie mit Yvonne. Und unsere Oma säuft nie.

Wasser von oben ist anders

Es ist Feiertag und wir haben Gäste aus dem Calvados in

Frankreich: Caroline (9), Yonel (10) und ihre Mutter. Gemeinsam besuchen wir das internationale Fest im Landesgartenschaugelände in Würzburg. Nach mehreren vergeblichen Versuchen gelingt es uns, die beiden französischen Kinder sowie Joshua (6) und Joel (4) vom Wasser im Japanischen Garten weg zu lotsen. Um wenig später beim Wasserspielplatz zu landen. Schnell zeigen Schuhe, Hosen und der Rest schnell unverkennbare Wasserspuren. Macht jetzt auch nichts mehr, denke ich, als kurz darauf der bis dahin sanft fallende Nieselregen übergeht in einen echten Regen. Joshua sieht das ganz anders. Als wir wieder im Trockenen sitzen, stellt er fest: „"Ich gehe nie wieder in den Regen. Das ist eklig." Da fällt mein Blick auf meinen ziemlich leeren Regenwasser-Sammeleimer. Erst am Tag zuvor hatte Joshua daraus "Blumen gegossen", aber eher Schuhe und Hose getroffen. Was ihn nicht im Geringsten störte. Offensichtlich hat die Werbung recht: Wasser ist nicht gleich Wasser.

Juni

Griechischer Sommersalat

Da haben:

Paprika, Salattomaten, Salatgurke, Lauchzwiebeln, Balsamico, Schafskäse, Rucola, Schnittlauch, evtl. Mais.

So wird's gemacht:

Die Hälfte der Tomaten klein würfeln und mit 2 EL Balsamico und 1 TL Salz in der Salatschüssel vermischen. Paprika, Gurke, Rucola und Schnittlauch waschen. Paprika entkernen und würfeln, Gurke würfeln, Rucola in kleine Stücke schneiden, Schafskäse abtropfen und würfeln. Schnittlauch in Röllchen schneiden. 1 EL Weißweinessig und 6 EL Olivenöl in die Salatschüssel rühren, salzen, pfeffern und zuckern (¼ TL), alle Zutaten untermischen. Schnittlauch und Rucola darüber streuen.

Pfingsten in unserem Häuschen

Gestern haben wir ein Wikingerschiff gebastelt, uns in der Alten Welt bewegt und mit Rudergaleeren, Wikingerschilden und -segeln beschäftigt. Heute setzten Joshua (6) und Joel (4) sich die Raketenrucksäcke auf, und ich darf sie mit meinem Raumschiff durch den Sternenhagel zum Kindergarten lenken. Dass zur Weltraumausrüstung auch Handschuhe gehören ist mir zwar neu, aber bei dem Wetter durchaus praktisch. Im Kindergarten angekommen fliegen die Zwei gleich in die Weiten des Alls weiter, während ich irdischen Geschäften nachgehe. Denn nach den Gästen aus dem Calvados erwarten wir jetzt Besuch aus Tschechien und Paris. War da nicht etwas, mit Pfingsten, dem Geist Gottes und „allen Sprachen, in denen sie redeten"? Nun, uns scheint ein wahrhaft pfingstliches Wochenende ins Haus zu stehen.

Von falschen und echten Fans

Die einzige, die in unserer Familie selbst jetzt dem Handball treu bleibt, ist Yvonne (18). Spricht sie von Weltmeisterschaft im eigenen Land, dann meint sie die Handball-WM 2007. Obwohl im Haus drei Handballer leben, ist Yvonne als Fußball-Totalverweigerin mittlerweile eine Außenseiterin. Wir übrigen ernähren uns von Gummibärchen in Fußballform, backen Fußballmuffins, tragen Socken mit Deutschlandflagge, weiße T-Shirts mit schwarz-rot-goldenem Rand - und lauschen angestrengt in die Nachbarschaft, wo die Nationalspieler aus Ghana beim Training den Ball treten. Obwohl, ganz stimmt das so nicht. Denn ich beispielsweise erkläre mich gerne mit meinem Zieh-Sohn Philippe aus Paris solidarisch (blau steht mir einfach besser), kann mich dem Einfluss der tschechischen Freunde nicht entziehen, und auch ein paar Tunesier kenne ich. Diese Internationalität hat etwas Gutes: Man kann viel öfter über Siege jubeln. Das hat auch Joshua (6) erkannt. Fragt man ihn, für wen er bei einer WM-Partie ist, gibt es nur eine Antwort: „Für die Bayern oder den, der gewinnt."

Fußball lockt zu Studien aller Art

Die Fußball-Weltmeisterschaft fasziniert Joshua (sechs) und

regt ganz offensichtlich seine kleinen grauen Zellen an. Bei Deutschland gegen Polen äußert sich das in germanistischen und sozialen Studien. Er stellte fest, dass das Wort „faul" gleich drei verschiedene Bedeutungen hat. „Gel, Mama, ein Apfel kann faul sein, jemand der nix tut und ein Fußballspieler, der einem anderen weh tut." Die wichtigste Frage für Joshua zu Beginn des Spiel aber war: „Man kann doch für verschiedene Mannschaften und trotzdem Freund sein, oder?" Am Ende der Partie jedoch musste er lernen, dass die physischen Möglichkeiten jedes Menschen Grenzen haben. Nicht etwa, weil die Polen sich dann doch dem Sturmdrang der deutschen Elf beugen mussten, sondern weil er, Joshua, in der 89. Spielminute selig einschlummerte.

Problemlösungen

Ein paar Fußabdrücke auf einem Karton an der Wand des Kindergartens wecken Joshuas Neugier. „Wozu sind die denn da?", fragt der Sechsjährige seine Kindergärtnerin. Elisabeth erklärt ihm, dass sie den Karton von der Wand nimmt und auf den Boden legt, wenn Kinder ihre Schuhe falsch herum anhaben, also den linken am rechten und umgekehrt. „Schau, so sieht man, dass die Schuhe die Wölbung auf der falschen Seite haben, oder man die Beine überkreuzen muss, damit sie auf die Fußstapfen passen", führt sie die vorgefertigte Problemlösung vor. Joshua allerdings kann gar nichts sehen - die Füße von Elisabeth sind viel zu groß für die Kartonfußstapfen. „Weißt du", tröstet Joshua daraufhin seine Erzieherin. „Ich habe dieses Problem immer selbst gelöst, das geht auch."

Juli

Gefüllte Zucchini

Da haben:

Zucchini, Couscous, Champignons oder Shi-Take-Pilze,
Zwiebel, Knoblauch, Schafskäse, Paprika, Salz, Pfeffer,

Paprikapulver, Chili, französische Kräuter

So wird's gemacht:

Den Couscous nach Packungsvorschrift kochen (nicht zu viel!). Die Zucchinis längst halbieren, das Innere mit einem Löffel herauskratzen, in Stücke schneiden und in eine Schüssel geben. Die Zucchinihälften in eine (oder zwei) gefettete Auflaufform(en) legen. Zwiebel und Knoblauch fein hacken, Pilze und Paprika klein schneiden, Schafskäse würfeln. In einer Pfanne Öl erhitzen, Zwiebeln und Knoblauch anschwitzen, Pilze, Paprika, Zucchini-Inneres und die Gewürze dazu geben. Alles aus der Pfanne in den Couscous geben, miteinander verrühren und den gewürfelten Schafskäse unterheben. Die Mischung in die Zucchini füllen und, mit Öl beträufeln und ca. 20 bis 30 Minuten im Ofen bei 190° überbacken.

Dreckige Teller und Brot „hinten zu"

Klare Ansagen sind Joshuas Sache. „Ich möchte ein Toastbrot, nicht getoastet, mit Gelbwurst, Butter drunter, hinten zu", sagt der Sechsjährige beim Frühstück. „Hinten zu", heißt, das Brot soll zusammengeklappt, aber nicht durchgeschnitten werden (Probieren Sie das Kunststück mal mit nicht labberigem Toast!). Joel (4) hingegen will in der Regel „Toastbrot mit ohne Gelbwurst", ein Kindermesser und einen „anderen Teller". Letzteres, weil er äußerst pingelig ist (pingeliger jedenfalls als meine Spülmaschine): Alles was sich mit viel Phantasie als Krümel auch nur erahnen lässt, ist „dreckig", folglich kann man darauf weder sein Essen legen, noch dasselbige essen (wie etwa Äpfel mit irgendwelchen Pünktchen in der Schale). Aber immerhin schmiert er sein Brot selbst. Dabei ist er, was Sauberkeit von Tisch, Tischdecke und dem Rest der Umgebung angeht, großzügig. Kennen Sie schon die Esszimmergarnitur Kiefer, Nutella-farben?

Ich bereite mich auf die Schule vor

Heute muss ich mich kurz fassen. Ich habe nämlich ein Kind, das bald in die Schule kommt und deshalb keine Zeit zum Arbeiten. Am Montag muss ich meinen Sohn zur künftigen Schule bringen und zwei Stunden später wieder abholen. Nächsten Montag muss oder besser darf ich dann Schultüte basteln. Das Sommer- und Abschlussfest (bei dem ich natürlich auf jeden Fall dabei sein will) hat das Motto Tiere. Klar hilft man als Vorschulmutter gerne bei der Herstellung der liebevoll aufwändigen Kostüme. Dazwischen lerne ich seinen Text mit meinem Sohn und überlege mir, wie die Musikprojektgruppe, in der Joshua (6) mitmacht, einfache Instrumente anfertigen kann. Natürlich sollen die Erzieherinnen, die unsere Kinder drei Jahre umsorgten, zum Schluss nicht leer ausgehen - meinen alle Mütter. Sie freuen sich, dass ich mir mit meiner langen Erfahrung mal Gedanken über eine nette, persönliche Aufmerksamkeit mache. Zeit zum Nachdenken darüber habe ich, während ich all die Gutscheine für Stundenpläne, Sparbücher, Malbücher oder andere wichtige Kleinigkeiten einlöse, die ins Haus trudeln. Ach ja, diverse Impfungen stehen auch noch an. Und da war doch noch was? Ach ja: Joshuas und seine Geschwister haben Hunger - und das dummerweise auch noch jeden Tag.

Neue Kleidervorlieben

Bisher war es Joshua (6) und Joel (4) ziemlich unwichtig, was sie anhaben. Hauptsache bequem, Hauptsache schnell und einfach anzuziehen und - in Joels Fall - Hauptsache ohne nervende „Zettel" im Nacken. Jetzt ist das anders. Jetzt gibt es nur eine Art Oberteil, das zählt. Und das ist weiß, mit schwarz-rot-goldenen Streifen. Wahlweise tragen die Zwei auch die Bayern-Trikots ihres 15-jährigen Bruders Lukas auf, sowie dessen alte WM-Hemdchen. Auf diese Weise halten sie die Erinnerung an Fußballgrößen wie Elber oder gar Möller wach.

Theorie und Praxis

Diese Woche hatten wir sozusagen Umweltwoche. Nach dem Ausflug von Joshua (6) nach Schweinfurt in den Wildpark beschäftigte uns der arme Luchs, der nach dem Transport verängstigt drei Tage ohne Wasser auf einem Baum saß (und glücklicherweise gerettet wurde). „Wenn die Welt untergeht, dann müssen wir auf einen anderen Planeten ziehen", erklärte Joshua Tage später seinem Bruder Joel (4). „Mama, was heißt eigentlich Weltuntergang?", wollte er dann von mir wissen. Zufrieden mit der Antwort, dass es dann die ganze Erde nicht mehr gibt, fuhr er fort, seinem Bruder die wesentlichen Dinge zu erklären. „Weißt Du, das kommt davon, weil alle Leute ihren Müll einfach überall hin schmeißen." Ich denke an die Kinderzimmer, und stelle fest, dass schon Kinder Theorie und Praxis offenbar gut trennen können. Gestern war die Polizei im Kindergarten. Ich bin schon gespannt auf nächste Woche.

Wetterkapriolen

Es ist heiß. Trotz Planschbecken ist auch den Kindern die Hitze zu viel. Gesagt hat Joel (4) zwar nichts, aber seinem Protest gegen die Temperaturen anders Ausdruck gegeben. Zuerst kam er in Socken und mit langärmeligen Pulli zum Frühstück - und trug dies eisern den ganzen Tag. Am nächsten Morgen setzte er noch einen drauf und erschien tatsächlich in Strumpfhosen. Es hat geholfen. Ich habe endlich seinen Schrank aus- und umgeräumt und alles, was lang und dick ist, verbannt. Stimmt das Prinzip, dass es nie regnet, wenn man einen Schirm dabei hat, steht der Wetterumschwung jetzt sicher kurz bevor.

August

Sommergemüse

Da haben:

Zwiebeln, Knoblauch, Paprika, Tomaten, Zucchini, evtl. Auberginen, Öl, Paprikapulver, französische Kräuter, süß-saure Chilisauce, Salz, Pfeffer.

So wird's gemacht:

Die Tomaten kreuzweise einritzen und im kochenden Wasser kurz blanchieren. Mit einem Löffel herausheben und schälen.

Das Gemüse alles zerkleinern, Paprika und Zwiebeln in Streifen, Tomaten würfeln, Zucchini und Auberginen (in Salzwasser legen) in dünne Scheiben schneiden. Einige EL Olivenöl in der Pfanne erhitzen, das Gemüse nach und nach zugeben und andünsten. Gewürze und Saucen hinzugeben und evtl. etwas kochendes Wasser. Eine Viertelstunde kochen lassen. Dazu passen Steaks jeder Art, Spiegeleier oder Lammkoteletts.

Ein neuer Abschnitt beginnt

Während ich ein bisschen wehmütig Joshuas Kindergartentasche zum letzten Mal ausräume, in die Waschmaschine stecke und darüber sinniere, dass wieder mal ein kleiner Lebensabschnitt für immer vorbei ist, scheint Joshua in seiner neuen Rolle bereits voll aufzugehen. „Ich kann jetzt morgens länger schlafen - ich bin jetzt Schulkind und hab' Ferien", erklärt er seinem kleinen Bruder. „Außerdem, habe ich länger Ferien als Du, Du musst nämlich eher schon wieder in den Kindergarten." Damit nicht genug. „Mama, ich brauch einen Computer - ich bin schließlich jetzt Schulkind", macht er dann mir klar, wo der Hase lang läuft. Doch ganz so cool ist er dann doch nicht. „Oh Mann", seufzt er plötzlich aus tiefstem Herzen, „ich glaub, ich lerne Lesen und Schreiben nie".

Ungeahnte Talente

Im Bayerischen Wald, so erfahren wir Urlaubs-Willigen, gibt es jede Menge Getier. Neben vielen aufregenden und nett anzusehenden auch so wenig sympathische wie die allerlei schlimme Krankheiten übertragenden Zecken. Wir beschließen also dagegen zu tun, was wir können und zumindest FSME durch Impfen einen Riegel vorzuschieben. Joshua (6) und Joel (4) zeigen sich einsichtig. „Wir gehen impfen, damit wir nicht ganz schlimm krank werden", verkünden sie stolz jedem, der es hören will und auch solchen, die eher weniger Interesse haben - wie dem Postboten oder der Nachbarin in der Straßenbahn. „Ich finde Impfen doof", erklärt Joel wenig später der Ärztin, als sie mit den Spritzen hereinkommt. Und fängt dann ungeniert an loszubrüllen. Joshua nicht. Der ist urplötzlich verschwunden und findet sich schließlich versteckt hinterm Stuhl kauernd wieder. Dort hervor geangelt - selbst schlanke Sechsjährige haben ein ganz schönes Gewicht, wenn sie sich mit Händen, Füßen und dem Mut der Verzweiflung irgendwo festklammern - tun wir ihm gemeinsam Gewalt an, indem wir ihm die Spritze in den Arm rammen. Das mörderische Geschrei ignorierend, erklären wir ihm, dass er „jetzt aber sehr tapfer war". „Und was kriege ich dafür als Belohnung?", fragt der Sechsjährige urplötzlich mit ganz normaler Stimme. Ich sollte ihn auf der Schauspielschule anmelden. Er hat echt Talent.

Gruseliges am Abend

Wir sind mit Oma, Opa, Tanten und allen Cousinen und Cousins im Urlaub. Unsere Ferienhäuser liegen nebeneinander. Am Abend wollen Joshua (6) und seine Cousine Inga (6) malen. Mutig beschließen sie - nicht ohne ein bisschen Gruseln - zusammen über die dunkle Wiese ins dunkle Haus zu laufen und Stifte und Papier zu holen. Joel (4) will ihnen folgen, sein Cousin Laurin (3) auch, wird aber von seiner Mutter zurückgehalten. Wenig später kommt Joel zurück, baut sich mit der ganzen Überlegenheit des Älteren vor Laurin auf und erklärt: „Laurin, da konntest du wirklich nicht mehr raus. Da draußen fliegen schon die Fledermäuse herum."

Endlich Ferien

Joshua (6) und Joel (4) waren in den letzten Wochen mit dem Papa in der Steiermark, mit ihrer Mama im Bayerischen Wald, mit ihrer Schwester im Freizeitpark. „Endlich Ferien!", jubelten sie diese Woche. Sie rannten am Morgen raus in den Garten und die Reihenhaussiedlung zu ihren Freunden, um erst am späten Abend - nach mehrmaligem Rufen - wieder zurückzukehren. Stimmt. Endlich haben die Zwei Ferien und ich Zeit in den abendlichen Stunden alleine zu Hause so lästige Dinge wie Steuererklärungen, Schrank ausmisten oder Keller aufräumen anzugehen.

September

Schneller Obst- oder Schoko-Kuchen

Da haben:

3 Eier, 125g Butter, 100 g Zucker, 2 TL Backpulver, 1
Vanillezucker, eine Prise Salz 300g Mehl, ca. 50ml Milch;
vier bis fünf Äpfel (oder Pfirsiche oder ein Glas Kirschen)
oder 100g Schokostreusel, etwas Zitronensaft, Puderzucker.

So wird's gemacht:

Die Eier mit Salz, Zucker und Vanillezucker schaumig
rühren, nach und nach das mit dem Backpulver gemischte
Mehl mit dem Rührgerät einrühren. Dabei die Milch dazu
gießen. Den Teig eine Springform füllen (Boden mit
Backpapier bespannt, Rand gefettet).
Die Äpfel schälen, Kerngehäuse entfernen und vierteln. Mit
einem scharfen Messer längs mehrfach einschneiden. Die
Äpfel mit dem Rücken nach oben in die Form legen, dabei
in den Teig drücken (Pfirsiche und Kirsche ebenso; die
Streusel werden mit dem Rührgerät eingerührt, bevor der
Teig in die Form kommt. Ca. 45-50 Minuten bei 180°
backen. Nach dem Abkühlen mit Puderzucker bestäuben
.

Ein echtes Schulkind

Ein Lolli war der letzte Auslöser: Seitdem Joshua (6) den mit
Hingabe lutschte, ist er endlich wirklich schulreif und strahlt
wie sich das für einen Sechsjährigen gehört - teilweise
zahnlos. „Der hat sich beim Lutschen immer schräg gestellt -
da hab' ich ihn einfach rausgezogen", berichtet Joshua
gelassen. Den Zahn bekomme ich postwendend überreicht.
Andächtig verstaue ich das winzige weiße Ding im

Geldbeutel. Ich hoffe, ich versage nicht wieder wie beim Zahn meines ersten Sohnes, den ich erst beim letzten Umzug in einer alten Fotodose wiederfand. Immerhin, das Haus verliert nichts. Im Gegensatz zu Joshua. Der macht sich gerade dran, Zahn Nummer zwei loszuwerden.

Der Winter naht

Für Joshua (6) begann jetzt noch nicht die Schule, aber er darf bereits den Hort besuchen. „Mama", erklärte er mir, als wir beim gemeinsamen Frühstück sitzen, „das ist schon komisch, wie schnell die Zeit vergeht, wenn man so viel spielen kann." Jetzt sei ja schon Herbst, ergänzte er, dann komme Weihnachten und dann habe er schon bald wieder Geburtstag (der ist im April). Seine Gedanken über die Zeit beendet er mit praktischen Konsequenzen. „Für dich, Mama", weist er mich an, „wird es jetzt Zeit, die Schneeanzüge raus zu hängen und die Sommersachen im Schrank wegzuräumen." Es war nicht leicht, aber ich konnte den kleinen Philosophen in den letzten Tagen tatsächlich überreden, die langen Hosen und dicken Pullover lieber doch erst noch im Schrank zu lassen. Sie sind im Freibad doch irgendwie unpraktisch.

Der Schulalltag beginnt

Der erste Schultag ist vorbei. Auch wenn Joshua nicht, wie wir alle erwartet haben, mit seinem Freund Benedikt in eine Klasse kam, lief es doch ganz gut. Allerdings entging mir wegen der Diskussionen darüber der Sekt beim Empfang des Elternbeirates. Dafür war ich am Nachmittag beim Minigolf zielsicher und gewann vor Joshua (6) und Joel (4). Danach stand „Cars" im Kino auf dem Programm. „Den würde ich gerne immerzu anschauen", fand der Schulanfänger. Die vorher erledigte Hausaufgabe, seine Schultüte zu malen, fand er wesentlich weniger interessant. Und das frühe Aufstehen am nächsten Tag schon gar nicht. Den Wecker, den er in der Schultüte hatte, überhörte er einfach. Und drehte später dreimal in der Haustür wieder um, weil es ihm draußen zu kalt war. Dafür ließ er dann mittags Jacke und Mütze im Hort liegen. Der Alltag ist bei uns eingekehrt.

Antwort auf die älteste Frage der Menschheit

Ein neues Thema, mit dem sich Joshua neuerdings

beschäftigt, sind Verwandtschaftsbeziehungen. „Eigentlich", erklärt der Sechsjährige, „müssen sich ja alle Menschen irgendwie kennen. Denn jeder hat eine Mama, die hat wieder eine Mama, die wieder eine Mama hat und immer so weiter." Opa greift das Thema auf und konfrontiert Joshua mit einer der ältesten Fragen der Menschheit. „Was legt eine Henne?", fragt er ihn. „Ein Ei", antwortet sein Enkel wie aus der Pistole geschossen. „Und was kommt aus dem Ei?" „Eine Henne." "Und woher kommt das Ei?" „Von der Henne". „Und woher kommt die wieder?" Joshua fängt an zu verstehen. Opa spricht aus, was der Schulanfänger denkt: „Also, was war wohl zuerst da?" Die Antwort kommt postwendend und voller Überzeugung: „Der Hahn".

Was Rockmusik und Sport verbindet

Aus dem Radio tönt „We will, we will . . .", ". . . rock you" singt Joshua voller Inbrunst mit. „Woher kennst du denn das?", frage ich erstaunt über das perfekte Englisch und die Rockmusik-Kenntnisse meines Sechsjährigen. „Na, das ist doch mein Lieblingslied", erklärt mir mein Sohn. „Das kommt bloß so selten im Radio", findet er. Stimmt, meistens hört man das bei Sportevents, denke ich. Und plötzlich wird mir der Zusammenhang klar. Joshuas zweitliebstes Lied, wie er mir kurz darauf erklärt, beginnt „54, 74, 90, 2010 . . ." - na klar, Fußball ist halt doch ein noch größerer Evergreen als Rockmusik. - Besonders wenn man einen großen Bruder hat, der letzteres Lied schon lange auswendig kann und eine Mutter, die Fußball jedem Spielfilm vorzieht und mit den Tanten gegen die männlichen Verwandten gleich selbst auf dem grünen Rasen antritt.

Oktober

Unser Matjestopf

Da haben:

Matjesfilets, halb so viel Gramm Äpfel, ¼ bis 1/3 so viel Gramm Zwiebeln und Essiggurken, Zucker, Sahne, Miracel Whip Balance.

Die Matjes am besten über Nacht in Wasser legen. Am nächsten Tag in mundgerechte Stücke schneiden. Zwiebeln grob würfeln und in einer geeigneten Schüssel in der Mikrowelle kurz im Wasser kochen, abschütten (oder mit kochendem Wasser überbrühen, nach zwei Minuten abgießen). Gurken in Scheiben und Äpfel waschen, entkernen und ungeschält ebenfalls grob würfeln. Mayonnaise mit Sahne und Zucker verrühren. Alles Zutaten in eine Schüssel mit Deckel geben, die Mayonnaise darüber gießen, mischen und mindestens eine Stunde durchziehen lassen. Wir essen dazu Pellkartoffeln oder Bauernbrot.

Friedliches Frühstück

Wir sind rechtzeitig aufgestanden, die Kinder haben sich ohne Probleme angezogen. Zufrieden versammeln sich alle am Frühstückstisch, während ich noch den Berg Pausenbrote mache. Plötzlich heult Joshua los. Ich erfahre, dass Joel ihm angeblich den Kinderlöffel, den er selbst für sein Müsli nehmen wollte, vor der Nase weggeschnappt hat. Ich biete ihm einen anderen an. Doch der findet keine Gnade. Der Sechsjährige heult weiter. Ich versuche Joel zu überreden, einen anderen Löffel zu nehmen. Nein, sagt der. Joshua brüllt immer noch. Jetzt tue ich das in meinen Augen einzig Gerechte: Ich nehme dem Vierjährigen den Grund des Streites ebenfalls weg. Wenn sie bloß um den Löffel streiten, der in den letzten vier Monaten unbeachtet in der Schublade lag, kriegt ihn eben keiner. Das Ergebnis? Na klar. Jetzt brüllen zwei Kinder. Obwohl - das stimmt nicht ganz. Denn jetzt brüllen insgesamt drei im Haus. Eine davon bin ich. Immerhin hilft es. Drei Minuten später sitzen wir alle gemütlich und zufrieden am Tisch. Ich liebe Gewitter. Danach ist es immer so friedlich.

Zukunftspläne

Wir sind unterwegs zum Kindergarten. „Guck mal, da ist die Polizei!", weist Joel mich auf das Auto in der Seitenstraße hin, das ich aus den Augenwinkeln ebenfalls bemerkt habe. „Das ist der Gefängniswagen", ergänzt der Vierjährige fachkundig. „Das hast du gesehen?", frage ich erstaunt zurück. „Na klar, das hat doch Gitter an den Fenstern gehabt", antwortet mein Sohn lässig. „Wenn ich groß bin", fährt er fort, „kann ich auch Polizist werden . . . oder Feuerwehrmann". Nach einer kurzen Denkpause komplettiert er die Liste der Erwachsenen, die ihn mächtig beeindrucken: „ . . . oder Opa."

Mein besonderer Kaffee

Es war eine gute Entscheidung,nicht mehr als fünf Kinder zu haben. Denn die Woche hat nur fünf Werktage - und somit keine Möglichkeit für mehr Schul- beziehungsweise Elternabende. Deren drei hatte ich diese Woche - und das nur, weil die beiden Jüngsten derzeit den selben Kindergarten besuchen und ich sozusagen einen Abend „spare". Oder besser gesagt, hätte sparen können. Denn tatsächlich war ich bei keinem, sondern verbrachte die lehrreichen Abende, samt der dazu gehörenden Tage, mit einem äußerst hartnäckigen grippalen Infekt im Bett. Ganz ohne pädagogische Unterstützung erkannte ich bei dieser - äußerst seltenen - Gelegenheit, dass meine „Kleinen" ganz schön groß sind, wenn's drauf ankommt. So bekam ich, nachdem sich alle fünf zum Stadtbummel samt kulinarischen Genusses schottischer Art verabredet hatten, eine wunderschöne Blume geschenkt _ „damit ich wieder gesund werde." Das Pfund Kaffee, um das ich gebeten hatte, hatten sie zwar vergessen, macht aber gar nix. Denn am nächsten Tag bekam ich gleich drei davon. Und das auch nur, weil die zwei Jüngsten im Kindergarten keine Möglichkeit hatten dort eins zu kaufen. In den nächsten Wochen wird mir mein heiß geliebter Kaffee noch besser schmecken als sonst. Und das hat mit der Marke nix zu tun, sondern mit der Liebe.

November

Spinat-Lasagne

Da haben:

Frische Blattspinat, gehackte Dosentomaten, Saure Sahne, Lasagneblätter, Mozzarella, Parmesan, Salz, Pfeffer, 1 Zwiebel, Knoblauch, Öl.

So wird's gemacht:

Den Spinat waschen, putzen und in Stücke schneiden. In einer Pfanne das Öl erhitzen, erst gehackte Zwiebel und Knoblauch kurz andünsten, dann die Spinatstücke dazugeben (nach und nach, er wird schnell weniger voluminös). Die gehackten Tomaten mit andünsten, salzen und pfeffern. Herd Ausschalten und einen Becher Saure Sahne in das Gemüse einrühren

In eine eingeölte Auflaufform Lasagneblätter schichten, dann eine Schicht der Spinatsauce, etwas Parmesan darüber streuen; dann wieder Lasagneblätter auflegen und noch eine Schicht Spinat einfüllen. Mozzarella in Scheiben schneiden, oben auflegen und alles bei 180° ca. 40 Minuten im Ofen überbacken.

Erinnerungen an die gute alte Zeit

Auch heuer steht natürlich wieder der Martinszug auf dem Programm - besser gesagt zwei: Schule und Kindergarten laden ein. Zuerst ist Joel (4) dran. Stolz zeigt er mir die tolle Fledermaus-Laterne, die ganz ohne Zutun der Eltern entstand (ein Lob auf die Erzieherinnen). Joshua (6) geht natürlich zum Kindergartenzug auch mit, ist es doch eine gute Gelegenheit alte Kindergartenfreunde wieder zu treffen.

Eine Stunde vorher fällt mir ein, dass seine gebastelten Laternen alle dem Umzug zum Opfer fielen. Also muss ich doch ran und Laterne basteln. Schon beim Martinsspiel in der Kirche trifft Joshua einen Freund, der als Schulkind ebenfalls den kleinen Bruder begleitet. Nachdem das Wiedersehen reichlich wortreich und laut ausfiel, lauschen die Beiden endlich dem Spiel der Vorschulkinder. „Warum spielen die nur blöde Sachen?", fragt mein Sohn unüberhörbar in die gespannte Stille in der Kirche. Ich erkläre, dass die Kinder gerade zeigen, wie blöd und traurig es ist, nicht zu teilen, also sozusagen den traurigen Teil der Martinsgeschichte. Da tritt Martin auf die Bühne und Joshua scheint endlich zufrieden. Ein paar Minuten später, urteilen er und Freund Nikolaus jedoch: „Das war nicht schlecht. Aber früher war das Stück länger." Und die Laternen natürlich auch schöner, erinnern sich die weisen Sechsjährigen an die guten alten Zeiten.

Kleine und große Feste

Große Feste werfen ihre Schatten voraus. Ich rede jetzt nicht von Weihnachten. Das scheint mir heuer eher gemütlich und klein angesichts der Feier, die ziemlich genau einen Monat später auf uns zukommt: Joels fünfter Geburtstag. Momentan zähle ich 15 Kinder, die laut meinem Sohn „unbedingt kommen müssen." Weil er bei ihnen auch eingeladen war oder weil „sie seine besten Freunde sind". Nicht eingerechnet sind in der Zahl, seine vier älteren Geschwister, samt zugehörigen Lebenspartnern, Omas und Opas, Paten oder Caroline und Gabi, seine Erzieherinnen im Kindergarten. Die will er nämlich auch mit einladen – was ich jetzt eigentlich, wenn ich so überlege, nicht unpraktisch finde. Vorsichtshalber habe ich neulich schon mal im Kindergarten angefragt, ob man die Räume eventuell mieten kann. Ob die einzuladenden Schulkinder an diesem bedeutenden Tag wohl mal einen Vormittag frei kriegen?

Dezember

Mini-Granatsplitter

Da haben:

Für den Boden: 300 g Mehl, 150 g Butter (oder Backmargarine), 2 TL Backpulver, 100g (Puder-)Zucker, 1 EL Rum.

Für die Füllung: 250 g Kokosfett, 2 Eier, 130 Zucker, 1 p. Vanillezucker, 1/2 Fläschchen Rumaroma, 50 g Backkakao.

Für die Glasur: je 150 g Vollmilch- und Zartbitterkuvertüre

So wird's gemacht:

Aus den Zutaten für den Boden eine Mürbeteig kneten. Mindestens eine Stunde im Kühlschrank in Folie eingewickelt kalt. Dann dünn ausrollen und mit einem Schnapsglas o.ä. runde Kekse ausstechen, oder auch Herzen. Auf dem Backblech auf Backpapier bei 180° etwa zehn Minuten backen. Abkühlen lassen.

Das Kokosfett schmelzen. Eier mit Zucker und Vanillezucker schaumig schlagen, Kakao und Rumaroma unterrühren, am Schluss das noch geschmolzene abgekühlte Fett unterrühren. Mit dem Löffel kleine Häufchen auf die Kekse setzen, kühl stellen. Kuvertüre schmelzen und die Granatsplitter damit überziehen. In geschlossenen Dosen an einem kühlen Platz maximal zwei Wochen aufbewahren.

Gute Organisation ist alles

Öfters werde ich gefragt: „Wie schaffst Du das nur mit Deinen Kindern und Arbeiten?!" Eigentlich ganz einfach, sage ich dann. Denn meine Kleinen sind gut aufgehoben in Hort und Kindergarten. Und die Großen alt genug, um auch mal selbst aufzupassen, wenn meine Termine nicht mit den Betreuungszeiten zusammenpassen. Vorausgesetzt für Schule, Führerschein und Freunde bleibt ausreichend Zeit.

Das Abholen allerdings gestaltet sich manchmal etwas schwierig, da Hort und Kindergarten weit auseinander liegen. Aber notfalls kann dann ja meine Älteste, die einen eigenen Hausstand und Schichtdienst hat, als Chauffeuse einspringen. Leider spricht ihre Chefin ihre Dienstzeiten nicht mit mir ab. Natürlich kümmert sich auch Joshua (6) und Joels Papa um seine Söhne. Wenn er nicht gerade beruflich in deutschen Großstädten weilt oder in einem wichtigen Meeting sitzt.

Aber da sind ja auch noch Oma und Opa, auch wenn beide noch arbeiten. Oma aber ist nicht motorisiert und leider gibt es keine Linie von Hort zu Kindergarten. Opa aber hat ein Auto. Es sei denn dieses ist gerade in der Werkstatt und wird nicht fertig, wie geplant. Dann gibt es da noch . . . Freundinnen mit Kindern und Gott sei Dank ein Telefon mit unbeschränkter Gesprächsdauer ohne Mehrkosten. Also - eigentlich alles kein Problem.

Fußball verbindet

Es war im Sommer. In zwei großen Ferienhäusern verbrachten wir einen Urlaub mit der Großfamilie: Oma, Opa, Tante, Schwester, Bruder samt ihren Familien. Eine Woche vergnügten wir uns gemeinsam, wanderten, kochten, aßen - und spielten und guckten Fußball. Damals nämlich begann gerade die Bundesliga. Und wir saßen beinahe alle da und drückten die Daumen. Für Bayern München, für den Club, Stuttgart, den HSV oder gar Cottbus. Wie das nun mal so ist, wenn sich eine moderne Familie übers ganze Land verteilt. Gestern telefonierte ich mit meiner Schwester in Lüneburg. Und erzählte ihr, wie sehr mir ihre Jungs leid tun und dass mich jede weitere Niederlage der Hamburger tief in der Seele trifft - wegen meiner Neffen, die als echte Fans aber tapfer durchhalten.

Meine Schwester hingegen beobachtet im Norden aufmerksam den Tabellenstand des Clubs. Denn wenn der gewinnt, ist unsere Cousine glücklich - und damit auch die Tante. Tja, Fußball verbindet eben. Nicht nur die Welt, sondern auch das Land und Familien. Oder wie Joshua (6) es ausdrückt: „Wenn ich nicht für Bayern bin, dann eben für Deutschland."

Modisches Gespür

Mittlerweile ziehen sich Joshua (6) und Joel (4) jeden Morgen selbst an. Joshua wünscht nur, dass ich ihm die Kleider zurecht lege. Joel wählt selbst aus. Übers langärmelige T-Shirt streift er sich - ganz der derzeitigen Mode folgend - ein farblich passendes Kurzärmeliges. Unter die blaue Strickjacke wählt er ein ebensolches und - ganz eleganter Mann - einen Schal, den er unter die Jacke steckt. Angeregt vom modischen Gespür meines Jüngsten lege ich Joshua ebenfalls ein kurz- und langärmeliges Doppel zurecht. Doch der Ältere zieht entweder nur das eine an (unpassenderweise ausgerechnet das kurzärmelige) oder, von mir gerügt, das lange kurzerhand übers kurze. Strickjacken kennt Joshua ohnehin nur als Jackenersatz an kühleren Sommertagen. Schuhe allerdings, weiß ich seit gestern, wählt auch Joel nicht nach modischen Kriterien aus. „Weißt Du, warum ich immer die (gefütterten) Gummistiefel anziehe?", fragt er mich. „Nein", zucke ich ahnungslos mit den Schultern und beäuge die Stiefelchen mit den bunten Bilder an der Außenseite. „Na, weil man da so gut sehen kann, welcher Schuh an welchen Fuß muss", kriege ich zur Antwort.

Wie wir Weihnachten feiern

Heiligabend: die Eltern Hand in Hand vor dem Tannenbaum, die Kinder glücklich vor den Geschenken. Soweit das Heile-Welt-Klischee. Was aber wird aus Weihnachten, wenn die Familie nicht mehr intakt ist? Wenn es zwei Väter gibt, aber beide nicht mit den Kindern leben? So feiern wir Weihnachten:

Als ich selbst noch ein Kind war, liebte ich Weihnachten.

Alles war so einfach. Wir feierten zusammen: Mama, Papa, meine beiden Geschwister und die Oma, die bei uns wohnte. An Heiligabend gab es Schnitzel mit Kartoffelsalat. Fiel der 24. Dezember - wie heuer - auf einen Sonntag, war das besonders schön, denn dann mussten Papa und Mama nicht noch bis 14 Uhr ins Geschäft.

Als ich mich das erste Mal verliebte, kamen die ersten Zweifel. Wo sollten der Mann meines Lebens und meine späteren Kinder feiern? Denn für mich stand fest: Heiligabend gehört unserer Familie - mir, den Eltern und Geschwistern. Aber, wenn er das genauso sehen würde? Würde ich ohne ihn feiern wollen? Schon da dämmerte es mir, dass der Heiligabend als Super-Familientag nicht immer funktionieren würde.

Nun bin ich 43 Jahre alt und feiere den Heiligen Abend wieder mit meinen Eltern - und meinen Kindern. Aber ohne Mann. Denn ich bin geschieden. Unser Familien-Weihnachten beschränkt sich auf den Heiligen Abend, an den Feiertagen besuchen meine Kinder ihre Väter und deren Familien. Das finden die Kleinen toll - denn dort liegen größere Geschenke unterm Baum als bei mir. Und ich habe gelernt, mich für sie neidlos darüber zu freuen.

Nach jeder der beiden Trennungen hat sich das Weihnachtsfest verändert, so wie ich und meine Kinder uns geändert haben. Geblieben ist die Krippe, die mein Opa gebaut hat, der nachmittägliche Gang zur Kindermette, das Glöckchen, das ins Weihnachtszimmer ruft, und das gemeinsame Kaffeetrinken und Plätzchen-Essen vor der Mette. Das Eigentliche allerdings, der Sinn von Weihnachten als Jesu Geburtstag, ist mir zeitweise abhanden gekommen.

Allein, geschieden, der Lebensplan aus Kindertagen gescheitert. Das musste ich mir erst mal selbst verzeihen und einen neuen Weg finden, um wieder zum „"lieben Gott" zurückkehren zu können. Zu einem Gottessohn, der bedingungslos alle liebt. Gerade die, die wissen, was es heißt zu stolpern, zu straucheln, zu fallen und wieder aufzustehen.

Und auch heuer wird wieder manches anders. Denn seit Januar wohnen meine vier Jüngsten und ich alleine in einem Häuschen und nicht wie in den Vorjahren im Haus meiner

Eltern. Im Moment muss ich mehr rechnen als früher. Nicht dass wir arm wären, aber knapp wird es trotzdem immer wieder mal mit dem Geld. Weil das so ist, habe ich mittlerweile drei Jobs - als Journalistin, Ortschronistin und Bäckereiaushilfe. Nicht einfach, aber einfach nicht anders möglich. Man muss das Leben nehmen wie es nun mal kommt.

An Heiligabend werden Lukas (16) und ich den Baum schmücken. Yvonne (19) wird inzwischen die Kleinen, Joshua (6) und Joel (4), vom Weihnachtszimmer fernhalten. Denn für die beiden schmückt das Christkind den Baum. Eine Tradition, auf der meine Großen bestehen, seitdem sie selber es als Kinder so glaubten. Ich werde die Zeit nutzen, um den Gottesdienst zu besuchen. Auch weil ich in unserer kleinen, altkatholischen Gemeinde mit für die Musik zuständig bin.

Zur Bescherung kommt mein geschiedener Mann dazu, bevor er zum Feiern zu seiner Freundin und deren Kindern geht. Meine Älteste (21), die eine eigene Wohnung hat, kommt ebenfalls dazu - wenn am Abend ihr Dienst in der Wohngruppe für behinderte Menschen endet.
Das Essen aus Kindertagen ist geblieben: Zu Schnitzel mit Kartoffelsalat treffen wir uns bei meinen Eltern. Nach dem Essen werden wir dann das tun, was für uns alle an Weihnachten einfach dazugehört: Gesellschaftsspiele spielen, lachen, plaudern, sicher auch das ein oder andere Glas Wein trinken und einfach die freie Zeit genießen.

Dass ich es trotz aller Krisen geschafft habe, Weihnachten zu einem Fest zu machen, auf das sich meine Kinder freuen, zeigt mir die Frage meiner Tochter: „Mama, feiern wir heuer wieder so wie immer?" Darauf gibt es nur eine Antwort: Na klar. Weihnachten bleibt doch Weihnachten.

Der Groupie des Heizungsmonteurs

Joshua (6) hat einen neuen Berufswunsch: Heizungsmonteur. Ich hatte nach den Feiertagen die Idee, die Heizkörper mal zu entlüften. Keine gute Idee, wie sich herausstellte. Denn plötzlich schoss das Wasser aus der Heizung und ich versuchte verzweifelt die sprudelnde Quelle zum Versiegen zu bringen. Lukas (16) und Yvonne (19) schafften auf mein hektisches Gebrüll Eimer und Lappen herbei - und das Telefon. So gelang es uns, die Fontäne in ein Rinnsal zu verwandeln und den Monteur herbei zu bitten. Als der kam, kam Joshuas große Stunde. Er durfte im Auftrag des Handwerkers vom Heizkessel im Keller bis zum Heizkörper im Dachgeschoss laufen, um zwischen mir und dem Fachmann Nachrichten zu übermitteln. Als am nächsten Tag die Firma mit dem neuen Ventil kam, rief er seinem kleine Bruder zu: „"Da ist er wieder", so enthusiastisch wie sonst nur Groupies von Boygroups. Hoffentlich kommt er nicht auf die Idee an Silvester „Heizung entlüften" zu spielen. Weil das Wasser seiner Meinung nach los schoss „wie eine Rakete".

Eine neue Leseratte

Sssssttttteeeeeeeeeerrbbbeeeennnsssslll . . . - sterbenslangweilig" buchstabierte mein Schulanfänger Joshua (6) vor vier Wochen noch mühsam. Gestern hat er das Leseanfänger-Buch, das unterm Christbaum lag, schon das zweite Mal an einem Abend durchgelesen. Sein Bruder Lukas (16), bisher dem Lesen eher am Computer-Bildschirm zugetan, berichtete ebenfalls stolz: "Ich hab in den Ferien schon das zweite Buch ganz gelesen." Der dreibändige Besteller "Der Dativ ist dem Genitiv sein Tod" hat es ihm angetan. Ich glaube in einem Jahr müssen wir eine Bibliothek einrichten. Denn Yvonne (19) und ich können an keinem Buchladen vorbeigehen ohne reinzuschauen - und zu kaufen. Lesefieber scheint sich entweder zu vererben oder ansteckend zu sein.

Wortschöpfungen und Familiensprache

Haben wir noch Sankt Marties?", fragt Joshua (6) und meint damit die bunten Schokolinsen. Zum Mittagessen gibt es mitunter "Bonbonsalat". Weil Rote-Beete-Salat so rote Lippen färbt wie manche süße Lutscherei hat Nicole (21) ihn als Kind so getauft. Mein ältester Sohn Lukas (16) ist für seine großen Schwestern noch immer der kleine Bobbel und aus Yvonne wurde nach kindlichen Reimspielereien "Itschi", was sich im familiären Sprachgebrauch durchsetzte. Ebenso und aus den gleichen Gründen (Joelli,. . . belli) entstand Joels (4) Spitzname "Belli". Eine der schönsten

Wortschöpfungen präsentierte mir allerdings mein Jüngster. Er schlüpfte in seinen kuscheligen Teddypullunder und stellte fest: "Jetzt hab' ich meine Kuschelweste an und kann mit Dir kuscheln." Was er dann auch ausgiebig tat. Ich glaube die Weste verleihen oder verschenken wir nicht.

Rezept-Übersicht

Einfacher Rinderbraten	Seite 4
Schoko-Bananen	Seite 6
Käsespätzle mit Röstzwiebeln	Seite 8
Kartoffel-Hähnchen-Pfanne vom Blech	Seite 11
Blumenkohl mit Käsesauce	Seite 13
Chinesischer Nudelsalat	Seite 15
Reste-Paella	Seite 18
Reis-Thunfisch-Salat	Seite 21
Rindfleisch-Gemüse-Eintopf	Seite 24
Pfannkuchen süß oder sauer	Seite 27
Martinsgänse aus Mürbteig	Seite 30
(Alkoholfreier Kinder-)Punsch	Seite 33
Rote Beete selbst Einlegen	Seite 36
Gerichte mit Roter Beete	Seite 39
Eierlikör- bzw. Rote-Grütze-Torte	Seite 42
Lammkeule mit Zeit	Seite 45
Chinatopf	Seite 48
Griechischer Sommersalat	Seite 50
Gefüllte Zucchini	Seite 53
Sommergemüse	Seite 56
Schneller Obst- oder Schokokuchen	Seite 58
Unser Matjestopf	Seite 61
Spinat-Lasagne	Seite 63
Mini-Granatsplitter	Seite 65

Hat Ihnen der Blick in unseren Alltag gefallen? Finden Sie meine Rezepte gut und nachvollziehbar? Oder sehen Sie den ein oder anderen Beitrag kritisch?
Ich würde mich freuen, wenn Sie in jedem Fall mit mir Kontakt aufnehmen.
Sie finden mich, Artikel und Geschichten aus meiner Feder im Internet: www.traudlsheim.de

All, denen es Spaß gemacht hat, mit meiner Familie und mir, die schon ganz neugierig sind, wie es denn bei uns so weitergeht, verspreche ich schon baldige Fortsetzung: „Traudls Heim, Band 3" ist fürs Frühjahr 2015 geplant.

Würzburg im November 2014   Traudl Baumeister